INDIA

Reiner Sahm

INDIA

mit Texten von Iris Lemanczyk

EDITIONPANORAMA

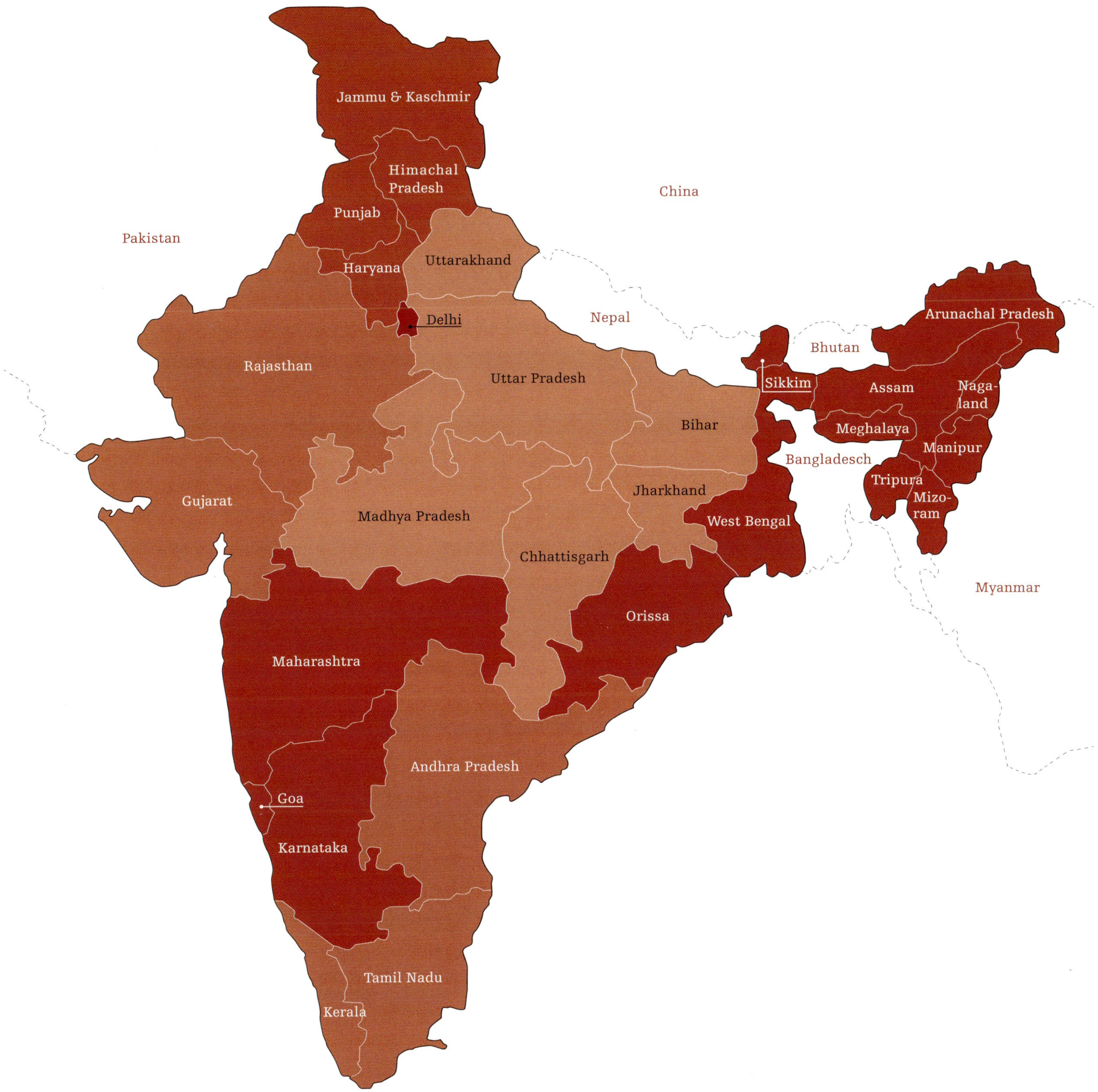
Jammu & Kaschmir
Himachal Pradesh
Punjab
Haryana
Uttarakhand
Delhi
Rajasthan
Uttar Pradesh
Bihar
Gujarat
Madhya Pradesh
Jharkhand
West Bengal
Chhattisgarh
Orissa
Maharashtra
Andhra Pradesh
Goa
Karnataka
Tamil Nadu
Kerala
Sikkim
Assam
Arunachal Pradesh
Naga-land
Meghalaya
Manipur
Tripura
Mizo-ram
Pakistan
China
Nepal
Bhutan
Bangladesch
Myanmar

Im Land der Extreme

Yogis in safrangelben Gewändern zelebrieren entsagungsvolle Entrücktheit, während IT-Spezialisten einem hektischen, zwölfstündigen Arbeitstag nachgehen. Erbärmliche Hütten aus Plastikplanen, die beim nächsten Monsunregen weggespült werden, neben glänzenden Marmorpalästen der Maharadschas. Kinder planschen ausgelassen im Ganges, dem heiligen Fluss, während am Ufer Leichen verbrannt werden. Ochsenkarren zuckeln am Raumfahrtzentrum vorbei, der Duft von Sandelholz ist durch den penetranten Gestank der offenen Kloake nur zu erahnen. In Indien sind Schönheit und Scheußlichkeit, Erhabenes und Profanes, unermesslicher Reichtum und bodenlose Armut, Computerzeitalter und Steinzeit allernächste Nachbarn. Indien – das ist nicht nur ein großes Land, ein Subkontinent, sondern eine Welt für sich. Kaum ein anderer Staat vereint innerhalb seiner Grenzen eine solche Fülle verschiedener Lebensformen, Religionen und Weltanschauungen. So überwältigend und verwirrend ist die Vielfalt, dass nahezu jede Aussage, die man über Indien fällt, gleichzeitig richtig und auch wieder falsch ist. Vielfalt, fast bis zum Widerspruch. Indien ist ein Land der Extreme.

Auch die Maße sind extrem. Extrem groß. Indiens Fläche entspricht der vom Nordkap bis Belgrad und von Brüssel bis Moskau: rund 3200 Kilometer von Nord nach Süd, mehr als 3000 Kilometer von Ost nach West. Von den glühend heißen Wüsten im westlichen Indien zu den eisigen Gipfeln des Himalaja, von dichten, immergrünen Dschungeln in den Western Ghats zu den dornigen Steppen Rajasthans, von der grünen Pfefferküste in Kerala zu den Teeplantagen in Westbengalen – die biologische, geografische und klimatische Spannweite ist genauso überwältigend wie die Unterschiede zwischen Stadt und Land. Sie umfassen Gemeinschaften, die im Jäger- und Sammlerstadium leben, Bauern, Handwerker, aber auch urbane Software-Spezialisten. Die Bevölkerung lebt in mehreren Jahrhunderten. Während in Mumbai, Hyderabad und Delhi die erfolgreichen Mittelschichten im 21. Jahrhundert leben, fristen die Menschen in den namenlosen Dörfern Bihars und Uttar Pradeshs ihre ärmliche Existenz noch im tiefsten Mittelalter. Während die einen im Internet ein Flugticket kaufen, gehen die anderen auf dem Feld hinter einem von einem mageren Ochsen gezogenen Pflug her. So wie dies ihre Ahnen schon vor Jahrhunderten, ja Jahrtausenden gemacht haben. Massenhaft Armut und sagenhafter Reichtum. Winzige Dörfer und Megastädte. Dazu mehr als eine Milliarde Menschen, mehr als 4600 Stammesgruppen und 325 eigenständige Sprachen. Das Land ist reich an Bodenschätzen und besitzt riesige landwirtschaftliche Nutzflächen. Das größte Entwicklungspotenzial aber schlummert in dem nahezu unerschöpflichen Reservoir an menschlichem Talent: vom Seidenspinner bis zum Ingenieur. Wirtschaftsberater prognostizieren, Indien könne in absehbarer Zeit zur drittgrößten Volkswirtschaft der Welt heranwachsen.

Dennoch bleibt Indien ein Land der Götter. Es gibt viel Platz für viele Götter, im hinduistischen Himmel gibt es an die 330000 von ihnen. Allerdings relativiert sich die Zahl, denn Götter durchlaufen, ebenso wie Menschen, etliche Wiedergeburten. Jede dieser Reinkarnationen wird als eigenständige Gottheit verehrt. An der Spitze stehen Brahma, Vishnu und Shiva. Brahma ist der Schöpfer der Welt und aller Wesen. Wenn es ums Bewahren geht, sind Vishnus Künste gefragt. Und Shiva verkörpert Zerstörung und Erneuerung, zwei Extreme in Personalunion.

Ganesh ist der populärste im hinduistischen Pantheon, mit seinen vier Armen, dem Elefantenkopf samt Rüssel, dem rundlichen Bauch. Mit seiner Weisheit und Stärke kann er Hürden beseitigen, die der Erfüllung von Wünschen im Weg stehen. Kein Wunder also, dass sich jeder Hindu, egal ob für die Firmengründung oder für die Geburt seines Kindes, Ganeshs Beistand sichern will.

Vor dem Gesetz sind alle Inder gleich. Aber die Kasten, eine Jahrtausende alte, religiös begründete hierarchische Anordnung, ließen sich nicht abschaffen. Fast jeder Inder ist sich seiner Klassenzugehörigkeit bewusst. Ursprünglich gab es fünf Kasten. Ganz oben standen die Brahmanen, sie waren Priester und Weise. Danach kamen die Kshatriyas, die Krieger, dann die Vaishyas, die Bauern und Händler. Vor den Kastenlosen, die keine Rechte hatten, lagen die Shudras, die Knechte und Handlanger. Mittlerweile ist das Kastensystem erweitert und beruht auf Berufs- und Familiengruppen. Im täglichen Umgang spielen dabei „Reinheit“ und „Unreinheit“ eine große Rolle. Unrein ist beispielsweise ein Wäscher, da er schmutzige Wäsche anfasst. Schon ihn zu berühren macht unrein. Das moderne Leben in den Städten fordert da seinen Tribut. In überfüllten Bussen oder Zügen kann das Tabu der körperlichen Berührung gar nicht mehr beachtet werden. Auch am Arbeitsplatz fragt in einem modernen Betrieb niemand nach der Kaste. Ganz anders ist es aber bei Familiengründungen. Da nimmt man die Kastenzugehörigkeit noch ganz genau. Mit der Kaste und deren Stigma oder deren Privileg ist man geboren. Mit der Kaste und deren Stigma oder deren Privileg stirbt man. Im Leben dazwischen gibt es keine Möglichkeit, sich von der Kaste zu lösen und in eine höhere aufzusteigen. Ein Versuch, sich aus dieser oft unmenschlichen Einbindung bereits im Diesseits zu befreien, könnte allein durch den Übertritt zu einer anderen Religion gelingen. Auswahl gibt es davon in Indien mehr als genug: Neben dem Hinduismus gibt es Islam und Buddhismus, es gibt Christen, Jainas, Sikhs, Parsen und Juden.

Sicherlich blicken die Götter mit Wohlgefallen auf ihr indisches Schöpfungswerk: Im Norden türmten sie das gewaltigste Bergmassiv der Erde auf. Der Himalaja grenzt Indien über eine Länge von 2500 Kilometern von seinen nördlichen Nachbarn China, Nepal und Bhutan ab. Eigentlich besteht dieses höchste Gebirge der Welt aus fünf parallel hintereinanderliegenden Gebirgszügen, die durch landschaftlich spektakuläre, mal karge, mal üppig grüne Täler voneinander getrennt sind. Vor allem das Hochtal von Kaschmir und das tief eingeschnittene Kulu-Tal in der Provinz Himachal Pradesh erscheinen wie eine eigene Welt. Es gibt sie dort noch, die Dörfer, die keinen Autolärm, keine hässlichen Hotelneubauten kennen, dafür alte Bauernhäuser, auf deren schiefergedeckten Dächern Wäsche, Gemüse oder Heu trocknen, daneben Obstgärten, Gemüsebeete und kleine, goldverzierte Tempel.

Zum höchsten Berg Indiens – und damit dem Ort, der ihnen am nächsten ist – haben die Götter den Kanchenjunga auserkoren. Er ist mit 8528 Metern der dritthöchste Gipfel der Erde. Weiter unten, in „nur“ 1768 Metern Höhe, in McLeod Ganj, lebt der

Dalai Lama und die tibetische Exilregierung mit Tausenden von tibetischen Flüchtlingen. Überall wandeln Mönche in roten Roben, die Gläubigen drehen ihre Gebetsmühlen und auf den Hausdächern flattern Gebetsfahnen im Wind.

Dem gewaltigen Himalaja-Gebirge legten die Götter die nordindische Tiefebene zu Füßen. Ein Übergang, wie er extremer kaum sein könnte. Das Schmelzwasser des ewigen Eises lenkte Brahma, der Schöpfer der Welt, in gewaltige Flüsse, auch in die drei größten: Indus, Brahmaputra und Ganges. „Die ewig Reine", „die im Spiel über Berge hüpft", „die zum Meer fließende" – Hindus gaben dem Ganges viele Namen, stets weibliche. Sie verehren in Ganga die Mutter, deren heiliges Wasser von Sünden reinigt. Der Ganges gilt nicht nur als heilig, sondern auch als rein. Ein Bad im Fluss reinigt nicht nur den Körper, sondern auch den Geist. Und das in einem der verdrecktesten Flüsse der Welt, jedenfalls nach Meinung westlicher Wissenschaftler. Doch jährlich pilgern Millionen Hindus an den Ganges. Wer täglich ein paar Schluck Gangeswasser trinkt, wird nicht nur vor Kraft strotzen, sondern sogar unsterblich. Ob das den Göttern gefällt? Vielleicht haben sie deshalb die Ökologen alarmiert. Die versuchen nun, an diesem Glauben zu kratzen und die Menschen zum Umdenken zu bewegen. Denn längst reicht es nicht mehr, den heiligen Fluss zu verehren, er muss saniert werden. Dringend. Die Industrie hat das heilige Wasser nämlich gewaltig getrübt.

Nicht enden wollende Obstplantagen, Reis-, Weizen- und Gemüsefelder säumen das fruchtbare Schwemmland der Tiefebene. Der Eindruck von Üppigkeit trügt nicht, allerdings geht die Üppigkeit zulasten der Böden. Denn seit Jahrzehnten müssen größere Ernten her, müssen mehr Dünger und Gifte eingesetzt werden, sodass die Böden überdüngt sind. Die Nation will versorgt werden und die Nation wächst und wächst. Indien steht vor der Aufgabe, jährlich Millionen mehr Menschen zu ernähren. Ein kaum zu bewältigendes Problem – nicht einmal für Götter.

Die Tiefebene gehört zu den bevölkerungsreichsten Gebieten des Landes, mit Städten und Bauwerken wie aus tausendundeiner Nacht. Und mit der opulentesten Liebeserklärung aus Marmor – dem Taj Mahal. Niemand kann sich wohl dem magischen Eindruck strahlender, schwebender Leichtigkeit entziehen. Dieses weiße Denkmal unvergänglicher Liebe bei Sonnenuntergang anzusehen, wenn der Marmor im weichen Licht leuchtet, gehört zu den unvergesslichen Augenblicken. Leicht und scheinbar schwerelos. Der Großmogul Shah Jahan ließ es zur Erinnerung an seine Lieblingsfrau Mumtaz Mahal bauen, die mit 38 Jahren bei der Geburt ihres vierzehnten Kindes starb. 20 000 Arbeiter benötigten 22 Jahre, um das Mausoleum 1653 zu vollenden.

Wer Indien zum ersten Mal besucht, erlebt den größten Kulturschock vermutlich in den Großstädten, in Mumbai oder in Delhi, in Hyderabad und Kolkata. Hier konzentriert sich die Armut. Menschen, die auf den Bürgersteigen leben, Männer, die gewaltig beladene Karren schleppen, Mädchen, die zur Prostitution gezwungen werden. Und doch begegnet man Mut und Lebensfreude. Gleichzeitig gehören die Büromieten zu den teuersten der Welt. Mumbai ist Vielfalt. Mumbai ist eine schnelllebige, chaotische und überfüllte Stadt. Das zeigt sich auch an den Vorortzügen, die in die Bahnhöfe Churchgate und Victoria Terminus einfahren. Fast sechs Millionen Pendler kommen täglich in die Stadt. Wer Glück hat, kann sich an einem Haltegriff über der offenen Tür festhalten, während nur noch die Zehenspitzen Kontakt zum Boden haben. Man hat keine Wahl, man muss zusammenrücken. Wenn die Ausstiegsstation kommt, muss man bereit sein, abzuspringen, ehe der Zug steht, denn wer wartet, wird von den hereindrängenden Menschen wieder zurückgeschoben.

Das Herzstück des Subkontinents ist das Hochland von Dekkan. Hier wechseln sich, in fast endloser Folge, Hochebenen mit Tälern ab, durch die sich Flüsse winden. Sie trocknen in der Hitze aus, füllen sich in der Regenzeit und schwappen über, wenn die Götter zu viel Regen schicken. Schöpfung und Zerstörung, also Shivas Werk, liegen dicht beieinander. Ach, die Hitze! Trockene Hitze. Feuchte Hitze. Flirrende Hitze. Über die Hitze in seinem Land schrieb der Schriftsteller Khushwant Singh: „Der größte Teil des Landes hat nicht vier Jahreszeiten, sondern nur zwei: die heiße und die noch heißere. Könnte ich zaubern, ich würde Indien komplett mit einer Klimaanlage ausrüsten – es wäre das Paradies auf Erden." Doch ohne Klimaanlage bleicht die Sonne das Land aus. Brunnen versiegen, Felder verdorren. Wen wundert es, dass die Menschen die Götter um Regen anflehen. Alle warten auf die Erlösung – auf den Monsun. Im Juni erliegt das ganze Land dem Monsunfieber: Die Zeitungen drucken Satellitenfotos ab, die die Wolkenbildung über dem Arabischen Meer zeigen. Ein guter Monsun verspricht reiche Ernte. Schwarze Wolken rotten sich zusammen, Blitze zerreißen die schwüle Luft. Dann schüttet es wie aus Kübeln, schlagartig fallen die Temperaturen. In Thiruvananthapuram, Kochi, Ahmedabad, Goa und Mumbai waten die Menschen durch trübes, knietiefes Wasser. Straßen wandeln sich in Kanäle. Lebensmittel und Wäschestapel werden feucht und muffig. Tempel schließen ihre Türen. Erdrutsche begraben Hütten. Nach wenigen Tagen schon deckt zartes Grün das Land.

Doch der Monsun ist ein launischer Götterbote. Mal kommt er spät, mal bleibt er sogar ganz aus. Dann müssen die Frauen ihren seit der Hochzeit gehüteten Schmuck verkaufen und ihre Männer sind gezwungen, halsabschneiderische Kredite aufzunehmen. Sie starren an die kahlen Wände und hoffen, dass der Notstand ausgerufen wird. Dann werden Zinszahlungen gestundet, Rückzahlungen ausgesetzt und Bargeld ausgezahlt.

In den feuchten Zonen der Western Ghats und im Nordosten gibt es noch Regenwald mit Baumriesen, undurchdringlichen Schlingpflanzen und dichtem Unterholz. Leider nur Überbleibsel einer einst üppigen Natur. Wörtlich genommen ist viel Dschungel vorhanden, denn Dschungel leitet sich aus dem Hindiwort „Jangal" ab und bedeutet Wald. Streng genommen ist in Indien also jeder Wald ein Dschungel. Ganz sicher hatte Rudyard Kipling den Regenwald vor Augen, als er sein „Dschungelbuch" schrieb. Darin kommen Tiger vor und Elefanten, die lange vor Verfolgung geschützt waren. Der Glaube an die Einheit allen Lebens vollbrachte dies. Doch die Jagdlust der bis 1947 anwesenden englischen Kolonialherren, das immense Bevölkerungswachstum, Eisenbahn- und Straßenbau dezimierten den Bestand kolossal. Elefant, Tiger, auch Löwe und Panzernashorn waren vom Aussterben bedroht. Heute jedoch zählt Indien beim Tierschutz zu einem der vorbildlichsten Länder. Die Götter sehen dies sicher mit Freude.

Genauso, wie die riesigen Gewürzgärten, in denen Pfeffer, Kardamon, Ingwer, Muskat, Nelken, Kümmel, Koriander und Zimt gedeihen. Currypulver, der Inbegriff der indischen Küche, ist dort nicht zu finden. Wie denn auch, denn Currypulver ist die eigene, ganz persönliche Mixtur jeder Hausfrau aus eben diesen Gewürzen und aus Gelbwurz, der für die gelbe Farbe sorgt. Curry, das gut gehütete, meist scharfe Geheimnis. Natürlich gibt es Currypulver auch im Basar. In Rot-, Orange- und Gelbtönen leuchtet es in den Säcken, verheißt alle nur vorstellbaren Schärfegrade, von extra mild bis superscharf.

Gewürzgärten. Reis. Tee. Kaffee. Weizen. Landwirtschaft spielt in Indien eine große Rolle. Fast 60 Prozent der über eine Milliarde Inder leben auf dem Land – von und mit Landwirtschaft. Sie gehören zum armen Teil der Bevölkerung, der Probleme hat, sich ausreichend zu ernähren. Verständlich, dass es die Leute auf der Suche nach ihrem Traum vom besseren Leben in die Städte zieht. Voller Hoffnung, aber ohne Ausbildung und Geld, landen sie in einem der Elendsviertel und bleiben dort. Sie bekommen nichts mit von der Aufbruchstimmung der kaufkräftigen Mittelschicht, die sich an den Verlockungen der westlichen Welt orientiert und in Autos, Kühlschränke, Staubsauger, Waschmaschinen und Fernseher investiert. Vor allem bei den Jugendlichen bestimmen nicht mehr ausschließlich Shiva oder Ganesh das Leben, sondern Podcast, Computerspiele, Lady Gaga, Internet und MTV. Ausgezeichnete Hochschulen bilden Heere von Computerspezialisten heran. Die Gartenstadt Bangalore ist das Zentrum der IT–Branche, aber nicht nur dort, sondern in vielen Städten gibt es bereits – oder entstehen – ganze Softwareparks, gigantische Viertel, in denen die Angestellten pausenlos programmieren, forschen, optimieren. Biotechnologie mausert sich zum zweiten Standbein der Wirtschaft.

Und so sieht man Männer in Designeranzügen, Frauen in Businesskostümen mit dem Mobiltelefon durch die Städte eilen, während heilige Kühe am Straßenrand wiederkäuen und Asketen mit aschebeschmierten Körpern tagelang auf einem Bein stehen. Indien – ein Land der Vielfalt, fast bis zum Widerspruch. Indien – ein Land im Umbruch. Was wohl die Götter davon halten?

Geschichte des Landes

Funde zeugen von menschlicher Besiedlung des Subkontinents vor mehr als 30 000 Jahren. Mit der Harappa-Kultur beginnt die eigentliche Geschichte Indiens ab dem vierten Jahrtausend bis ungefähr 1700 v. Chr. In den Städten werden handwerklich hochwertige Waren hergestellt, mit denen auf dem Land- und dem Seeweg Handel getrieben wird.

Nomadisierende Indogermanen, die sich von ihrer Urheimat westlich des Urals ausbreiten, wandern in Indien ein. Sie besiedeln zunächst den Nordwesten, dann den Punjab und schließlich die Indus- und Ganges-Ebene. Ihre Siedlungen sind dörflicher Natur. Einige Grundzüge der indischen Gesellschaft und Kultur stammen aus der Zeit, beispielsweise der Hinduismus und das Kastensystem, die Anfänge des Königtums und die damit verbundenen Rituale, aber auch die Grundlagen der indischen Philosophie. Die politische Macht liegt bei regierenden Clans, aus denen die Herrschergeschlechter der Monarchien hervorgehen, die im 6. Jahrhundert v. Chr. entstehen.

König Ashoka (304–232 v. Chr.) und seinen Verwaltern gelingt es, die verschiedenen Teile des Subkontinents zu einen. Ashoka tritt zum Buddhismus über. Als Buddhist verlangt er, alle Religionen zu achten. Als Ashoka stirbt, überdauert auch das Reich nicht mehr lange. Der Grund ist eine Finanzkrise. Die Steuereinkünfte reichen nicht aus, um den riesigen Verwaltungsapparat zu finanzieren.

Das Zeitalter der Gupta beginnt 330 n. Chr. mit Chandragupta I., der sich „Großer König der Könige“ nennt. Die Guptas erobern viele Gebiete Indiens und verstehen es, politisch klug zu heiraten. Sie gestatten ihren Statthaltern in den Provinzen Unabhängigkeit und Autonomie, geben Land in deren Besitz, lassen sie Recht sprechen und administrative Gewalt ausüben.

Schon Anfang des 6. Jahrhunderts errechnet der Astronom und Mathematiker Aryabata die Zahl Pi mit 3,1416 und das Sonnenjahr mit 365,358 Tagen. Aryabata glaubt, dass die Erde eine Kugel ist, die sich um die eigene Achse dreht. Doch seine Theorien werden von Astronomen mit konventionellen Ansichten verworfen.

Im 13. Jahrhundert kommen muslimische Herrscher in Delhi an die Macht: die Sultane. Sie versuchen, eine bürokratische Verwaltung zu etablieren. Die Beamten des Sultans bekommen einen Anteil der Steuern. Die Autorität des Sultans beruht auf seiner militärischen Schlagkraft, seinem Regierungsgeschick und der Loyalität, die er von seinen Untertanen verlangt. Die Untertanen sind vorwiegend Hindus. Sie dürfen zwar ihre Religion ausüben, müssen dafür aber eine Kopfsteuer entrichten. Die Sultane regieren bis ins 16. Jahrhundert in Nordindien. Sie unternehmen immer wieder Vorstöße, ihre Macht nach Süden hin auszubauen, allerdings ohne nennenswerten Erfolg.

Bei einem dieser Vorstöße werden die Brüder Harihara und Bukka, beide Schatzmeister im Süden, nach Delhi verschleppt. Im Glauben, sie seien zum Islam konvertiert, schicken die Machthaber sie nach Jahren wieder in ihre Heimat. Sofort sagen sich die Brüder von Delhi los, klügeln ein geschicktes Wassersystem aus, lassen Baumwolle anbauen, handeln mit Edelsteinen und Gewürzen – und werden reicher und reicher. Sie lassen Tempel bauen, gründen Vijayanagar – das heutige Hampi –, das zu einer Weltstadt mit Kontakten nach Afrika und Europa wird, und dehnen ihr Reich weiter aus.

Von 1526 bis 1858 herrschen die Mogule. Ihr Kernland dehnt sich von Agra über Delhi nach Lahore aus. Im 17. Jahrhundert umfasst ihre Macht den gesamten Subkontinent. Doch im Laufe der Zeit schwindet ihre Autorität und mächtige Adelige sichern sich unabhängige Fürstenstaaten. So leistet Murshid Quli Khan von Bengalen zwar den Treueeid an Delhi, ist sonst aber vollkommen unabhängig. Schon sein Nachfolger zahlt keine Steuern mehr. 1858 wird der letzte Großmogul von den Briten abgelöst. Der Nachwelt bleiben imposante Bauwerke, wie das Taj Mahal, aus dieser Epoche erhalten.

Mit Beginn des 17. Jahrhunderts nehmen europäische Handelskompanien Beziehungen zu Indien auf, die größte ist die britische Ostindien-Kompanie. Sie baut Handelsposten. Es kommt immer wieder zu Konflikten mit den Indern. Als die Kompanie 1756 bei Kalkutta eine Befestigungsanlage errichtet, greift der Mogul an. Die Briten schlagen sofort zurück, holen sogar Verstärkung aus Madras – und siegen. Fortan verlangen die Briten, dass die eroberten Gebiete Zahlungen leisten sollen. Vom ersten Tag an begehren Bauern und Pächter auf, doch die Revolten werden brutal niedergeschlagen.

Zu Beginn ihrer Herrschaft ist die Strategie der Briten, sich nicht in die inneren Angelegenheiten Indiens einzumischen. Das ändert sich in der ersten Hälfte des 19. Jahrhunderts unter Lord William Bentinck, der eine Politik der Verwestlichung betreibt. Zu seinen positiven Reformen gehören die Abschaffung der Witwenverbrennung und das Gesetz zur Wiederverheiratung von Witwen. Indien wird 1857 direkt der englischen Krone unterstellt.

Den indischen Nationalismus zur Massenbewegung zu machen, endet immer mit brutaler Gewalt. „Und dann kam Gandhi. Er war wie ein kräftiger, frischer Windhauch, der bewirkte, dass wir uns streckten und tief Luft holten, wie ein Lichtstrahl in der Dunkelheit, bei dem es uns wie Schuppen von den Augen fiel, wie ein reißender Strom, der vieles durcheinanderbrachte, am meisten jedoch die Denkweise der Menschen. Er kam nicht von oben herab, er kam aus der Masse der Inder, er sprach ihre Sprache und machte ohne Unterlass auf sie und ihre unsäglichen Lebensbedingungen aufmerksam", schreibt Jawaharlal Nehru in seinem Buch „Die Entdeckung Indiens".

Als Gandhi 1915 die politische Bühne betritt, ist die Kongresspartei in Gemäßigte und Extremisten unterteilt. Es gibt weder eine Struktur noch eine Zielrichtung für Proteste. Gandhi strukturiert die Partei durch, von der Basis bis zur nationalen Ebene. Sein erster Versuch, die Massen zu mobilisieren, findet 1917 in Gujarat statt, wo er eine Bewegung gegen die Unterdrückung der Indigopflanzer organisiert. Er besteht darauf, dass Proteste ohne Gewalt erfolgen. Sein Widerstand basiert auf dem Grundgedanken der Gleichheit aller Menschen.

Die Briten reagieren mit repressiven Maßnahmen wie im Kriegszustand. Dazu gehört, dass Personen inhaftiert und ohne Anhörung verurteilt werden können.

Im April 1919 versammelt sich in Amritsar eine Menschenmenge auf einem geschlossenen Platz, dem Jallianwala Bagh. Die Menge verhält sich friedlich, doch Versammlungen sind verboten. Soldaten feuern in die Menge. Dem Massaker, dem keine Provokation voranging, fallen 370 Menschen zum Opfer, 1000 werden verletzt. Indien ist geschockt.

Am 11. März 1930 begibt sich Gandhi mit 78 Freunden und Anhängern auf den Weg von Ahmedabad ins 385 Kilometer entfernte Dandi. Der Salzmarsch. Damit ruft er die Inder auf, sich gegen das Verbot der Briten zu stellen, selbst Salz zu gewinnen. Viele schließen sich auf dem 24-tägigen Marsch an. In Dandi nimmt er ein Bad im Meer und klaubt Salzklumpen zusammen. Viele tun es ihm nach – 50 000, darunter auch Gandhi, werden verhaftet.

Die Vertreter der Moslems und der Hindus können sich in ihren Verhandlungen nicht einigen. Separationsbestrebungen der Moslems werden von den Briten unterstützt. Die Macht wird an zwei unabhängige Staaten übergeben: an Indien und an das überwiegend muslimische Pakistan. Gandhi ist entsetzt über die Entscheidung, die Aufstände und Gewaltausbrüche zur Folge hat. Er hält sich aus der Machtübergabe völlig heraus. Als Indien am 15. August 1947 unabhängig wird, weigert er sich, an den Feierlichkeiten teilzunehmen. Die Teilung des Landes ist für ihn ein Verrat an allem, wofür er und der indische Nationalismus stehen. Nehru wird erster indischer Premierminister.

Die Nachbarschaft zu Pakistan wird durch militärische Auseinandersetzungen bestimmt. Hauptstreitobjekt ist die Provinz Kaschmir, die schon lange von Hindus regiert wird, in der aber mehrheitlich Moslems leben. Beide Länder beanspruchen Kaschmir. 1964 kommt es zum indo-pakistanischen Krieg.

Im Jahr 1971, während der 16-jährigen Regierungszeit von Indira Gandhi, der Tochter Nehrus, wird Indiens erste Atomwaffe getestet.

Nach der Ermordung Indira Gandhis am 31. Oktober 1984 kommt ihr Sohn Rajiv an die Macht. Seine Mission ist die Modernisierung des Landes. Von einer mittelalterlichen Agrargesellschaft ins Computerzeitalter. Unterstützt wird er von seinen „Computer Boys", wie die Mitglieder der Regierung genannt werden, weil sie sich hauptsächlich aus Managern großer Firmen zusammensetzt. Doch Rajiv Gandhi muss erkennen, dass sich der Koloss Indien nicht über Nacht umstrukturieren lässt.

Eine neue Firmenkultur etabliert sich. Eine, in der geschäftliche Erfolge nicht von Erbschaft, politischen Kontakten oder durch Bestechung erschlichenen Konzessionen abhängen.

1997: Mit Präsident K.R. Narayanan nimmt erstmals ein „Unberührbarer" das höchste Staatsamt ein, zehn Jahre später tritt mit Pratibha Patil die erste Frau an die Spitze der bevölkerungsreichsten Demokratie.

26.11.2008: In der Finanz- und Filmmetropole Mumbai kommt es zu terroristischen Anschlägen, zu 17 Explosionen und Geiselnahmen mit mehr als 275 Verletzten und 174 Toten.

Die Probleme Indiens liegen weiterhin in der Korruption, im schlechten Ausbau des Bildungs- und Gesundheitswesens vor allem in ländlichen Gebieten und es fehlt einem Großteil der Bevölkerung selbst an bescheidenem Wohlstand.

Erfolgreich bezieht Indiens Demokratie Minderheiten und benachteiligte Gruppen ein. So gibt es beispielsweise eine 33%-Quote für Frauen in der Stadtverwaltung und reservierte Parlamentssitze für die unteren Stammes- und Kastengruppen.

Indiens Außenpolitik entwickelt sich immer mehr zur Außenwirtschaftspolitik, die geschickt Partnerschaften bildet und pflegt. Man unterhält gute Beziehungen zu Russland und zu Amerika, kauft hier Rohstoffe und dort Waffen. Auch die Beziehungen zu China und zu der Europäischen Union werden gepflegt und ausgebaut. Dennoch: „Indien hat keine Verbündeten", lautet bereits Nehrus außenpolitische Doktrin und das ist bis heute so. Aber Indien lebt weiterhin im Dauerkonflikt mit der Atommacht Pakistan.

In the country of extremes

Yogis in saffron-yellow robes celebrate austere self-denial, while IT specialists go about their hectic 12-hour working day. Wretched shanties made of plastic awnings, which will be washed away by the next monsoon rains, alongside the glittering marble palaces of the maharajas. Children splash boisterously in the Ganges, the Holy River, while corpses are cremated on the banks. Ox carts rattle past the Space Centre, the scent of sandalwood is almost completely masked by the penetrating stench from the open sewers. In India, beauty and dreadfulness, the elevated and the profane, immeasurable wealth and abject poverty, the Computer Age and the Stone Age are next-door neighbours. India is not only a huge country, a sub-continent, but a world in itself. Hardly any other country hosts within its borders such a wide variety of different ways of life, religions and philosophies. The variety is so overpowering and confusing that almost any statement made about India is correct and also wrong at the same time. Variety almost to the point of contradiction. India is a country of extremes.

The dimensions and distances are also extreme. Extremely large. India's area corresponds to that from the North Cape to Belgrade, and from Brussels to Moscow: around 3,200 kilometres from north to south, and over 3,000 kilometres from east to west. From the burning hot deserts in western India to the icy peaks of the Himalayas, from dense, evergreen jungles in the Western Ghats to the thorny steppes of Rajasthan, from the green pepper coast in Kerala to the tea plantations in West Bengal – the biological, geographical and climatic range is just as overpowering as the differences between the cities and the country. They include communities which still live at the hunter-gatherer stage, farmers, craftsmen, but also urban software specialists. The population lives in several different centuries. While in Mumbai, Hyderabad and Delhi, the successful middle classes live in the 21st century, the people in the nameless villages of Bihar and Uttar Pradesh still eke out their miserable existence as they did in the depths of the Middle Ages. While some buy their airline ticket on the Internet, others plod the fields behind a plough drawn by an undernourished ox. Just as their ancestors did centuries, even millennia ago. Mass poverty side-by-side with fabulous wealth. Tiny villages and megacities. Over one billion people, more than 4,600 tribal groups and 325 separate languages. The country is rich in mineral resources and has huge areas of usable agricultural land. The greatest development potential however lies in the almost inexhaustible reservoir of human talent: from the silk-spinner to the engineer. Economic experts forecast that in the foreseeable future, India could become the third-largest national economy in the world.

Nevertheless India remains a land of gods. There is plenty of room for plenty of gods – in the Hindu pantheon there are around 330,000 of them. The number is relative however, because gods, like people undergo several reincarnations. Each of these reincarnations is revered as a separate deity. At the top of the hierarchy stand Brahma, Vishnu and Shiva. Brahma is the creator of the world and all creatures. When it comes to preservation, the arts of Vishnu are required. And Shiva personifies destruction and renewal, two extremes in personal union.

Ganesh is the most popular in the Hindu Pantheon, with his four arms, elephant's head with trunk and rounded paunch. With his wisdom and strength, he can overcome hurdles which stand in the way of wish fulfilment. No wonder therefore that every Hindu, whether for the foundation of a company or for the birth of a child, wants to assure himself of the support and blessing of Ganesh.

All Indians are supposed to be equal before the law, but the castes, a millennia-old religiously-founded hierarchical system, have proven impossible to abolish. Almost every Indian is aware of his class membership. Originally there were five castes. Right at the top stood the Brahmans, who were priests and sages. Then came the Kshatriyas, the warriors, then the Vaishyas, the farmers and businessmen. Above the casteless, who had no rights, came the Shudras, the servants and menials. In the meantime, the caste system has become more extensive, and is based on professional and family groups. On the daily level, it is very important to distinguish between "clean" and "unclean". A washer of clothes for example is unclean, because he touches dirty laundry. Even touching him can make another person unclean. Modern life in the cities however demands its sacrifice. In the overflowing buses and trains, the taboo of physical contact has to be overlooked. At the workplace also, nobody in a modern business asks about caste. Matters are quite different however when it comes to marriage and families. Caste membership is then taken very seriously. Indians come into the world as members of a caste, together with its stigma or privilege, and leave the world in the same way. In the life between, there is no possibility of leaving one's caste and ascending to a higher level. Any attempt to free oneself from this often inhuman bond on this side of the beyond could only succeed by transferring to another religion. And in India, there are more than enough to choose from: In addition to Hinduism, the major religions include Islam and Buddhism, together with Christians, Jainas, Sikhs, Parsees and Jews.

The gods certainly look down with pleasure on their Indian work of creation: in the north rises the greatest mountain massif on earth. The Himalayas mark India off from its northern neighbours China, Nepal and Bhutan over a distance of 2,500 kilometres. Actually this highest mountain range in the world consists of five mountain chains running parallel one behind the other, which are separated by spectacular landscapes of sometimes barren, sometimes luxurious green valleys. The high valley of Kashmir and the deep Kulu valley in the province of Himachal Pradesh in particular look like separate worlds in themselves. Here one can still find villages where there is no traffic noise, no ugly new hotel buildings, but instead old farmhouses, with washing, vegetables or hay drying on their slate-tiled roofs, interspersed with orchards, vegetable allotments and small temples decorated in gold.

The gods have selected Kanchenjunga as the highest mountain in India – and therefore the place which is closest to them. At 27,980 ft. it is the third-highest peak on earth. Lower down, at an altitude of "only" 5,800 ft., in McLeod Ganj, lives the Dalai Lama and the Tibetan government in exile, along with thousands of Tibetan refugees. Monks in red robes are everywhere, the faithful turn their prayer wheels and prayer flags flutter in the wind above the roofs of the houses.

At the feet of the mighty Himalayas, the gods laid out the north-Indian lowland plain. A transition which could hardly be more extreme. Brahma, the creator of the world, guided the meltwater of the eternal ice into majestic rivers, amongst them the three largest: the Indus, Brahmaputra and Ganges. "The eternally pure", "She who springs across mountains", "She who flows to the sea" – Hindus gave the Ganges many names, always feminine. They revere the Ganga as the mother, whose holy water washes away sins. The Ganges is held to be not only holy, but also clean. Bathing in the river cleans not only the body, but also the spirit. Yet it is one of the most polluted rivers in the world, at least in the opinion of Western scientists. Nevertheless, millions of Hindus make the pilgrimage to the Ganges every year. Whoever drinks a few mouthfuls of Ganges water every day will not only be bursting with strength, but will even become immortal. Does this please the gods? Perhaps this is why they have raised the alarm amongst ecologists, who are now trying to break down this belief and make people rethink. For a long time now, it has not been enough to revere the holy river, it must now be cleaned. Urgently. Industry has severely contaminated the holy water.

Apparently unending fruit plantations, rice, wheat and vegetable fields fringe the fertile lowland flood plain. The impression of luxuriousness is not deceptive, but this abundance comes at the cost of the soil. For decades, larger harvests have been required, more and more fertilisers and chemicals have to be used, with the result that the soil is now over-fertilised. The nation needs to be fed, and the nation is growing and growing. India is faced with the task of feeding millions and millions more people every year. A problem almost impossible to solve, even for gods.

The lowland plain is one of the most densely populated regions in the country, with cities and buildings as if taken from the pages of the 1,001 Nights. And with the most opulent declaration of love, the marble Taj Mahal. Nobody can resist the magical impression of radiating, airy lightness. Seeing this sparkling white monument to undying love at sunset, when the marble gleams in the soft light, is one of the most unforgettable moments imaginable. Light, even apparently weightless. The Grand Mogul Shah Jahan had it built in memory of his favourite wife Mumtaz Mahal, who died at the age of 38 during the birth of her 14th child. 20,000 labourers took 22 years to complete the mausoleum in 1653.

Anyone visiting India for the first time experiences perhaps the greatest culture shock in the major cities, in Mumbai or in Delhi, in Hyderabad and Kolkata. The worst poverty is concentrated here. People whose only home is the pavement, men dragging heavily loaded carts, young girls forced into prostitution. But yet one also finds courage and joy of life. The office rents however are amongst the highest in the world. Mumbai is variety. Mumbai is a fast-moving, chaotic and overflowing city. This is also apparent from the suburban trains, which arrive at the stations of Churchgate and Victoria Terminus. Almost 6 million commuters travel into the city every day. Lucky travellers may be able to hold on to a handle above the open door, while only the tips of their toes remain in contact with the floor. There is simply no choice, people have to squeeze together. On arrival at the destination, travellers must be ready to jump off before the train comes to stop, because anyone who waits will be pushed back in again by the incoming flood of people.

The heart of the sub-continent is the Deccan Plateau. Here high plateaus alternate in almost endless sequence with valleys, through which rivers wind their way to the sea. They dry up in the heat, fill again during the rainy season, and overflow if the gods send too much rain. Creation and destruction, the works of Shiva, follow on each other's heels. Oh, the heat! Dry heat. Humid heat. Shimmering heat. The author Khushwant Singh wrote of the heat in his country: "The major part of the country does not have four seasons, but only two: the hot and the even hotter. If I were a magician, I would provide all of India with an air-conditioning system – that would be Paradise on earth." But without an air-conditioning system, the sun bleaches the land. Wells dry up, fields wither. No wonder that the people beseech the gods for rain. All wait for salvation – for the monsoon. In June, monsoon fever sweeps the country: the newspapers print satellite photos showing the formation of clouds over the Arabian Sea. A good monsoon promises a rich harvest. Black clouds merge together, heavy with rain, bolts of lightning part the humid air. Then it begins to pour, and temperatures fall sharply. In Thiruvananthapuram, Kochi, Ahmedabad, Goa and Mumbai, the people wade knee-deep through murky water. Roads are turned into canals. Food and washing becomes damp and mouldy. Temples close their doors. Landslides bury the shanties. After only a few days, the land is covered once again in delicate green.

But the monsoon is a wilful emissary of the gods. Sometimes he comes too late, sometimes not at all. Then the women have to sell their jewellery, carefully guarded since their wedding, and their husbands are forced to take out extortionate loans. They stare at the bare walls, and hope that an emergency will be declared. Then interest payments are deferred, capital repayments suspended, and cash paid out in aid.

In the humid zones of the Western Ghats and in the north-east, there are still rainforests with gigantic trees, impenetrable climbing plants and dense undergrowth. Unfortunately only the meagre remains of a once luxurious eco-sphere. Literally speaking, there is still much jungle in existence, because jungle comes from the Hindi word "Jangal", and simply means forest. Strictly speaking therefore, every forest in India is a jungle. Rudyard Kipling certainly had the rainforest in mind when he wrote his "Jungle Book". These pages are populated by tigers and elephants, which have long been protected against hunting. This came about because of the indigenous belief in the unity of all life. But the hunting fervour of the English colonial masters who were here until 1947, the immense population growth, railway and road construction decimated the stocks of game. Elephants, tigers, lions and Indian rhinoceros were threatened with extinction. Today however, India is one of the foremost countries in the area of animal protection. The gods certainly see this with great pleasure.

Just like the huge spice gardens, where pepper, cardamom, ginger, nutmeg, cloves, caraway, coriander and cinnamon flourish. Curry powder, the epitome of Indian cuisine is not to be found here, because curry powder is a very personal mixture of every housewife of these spices, together with turmeric, which provides the yellow colour. Curry, that well-guarded and usually spicy secret. Curry powder is of course available in the market-place. In red, orange and yellow tones, it shines in the bags, promising every imaginable level of spiciness, from extra mild to super-hot.

Spice gardens. Rice. Tea. Coffee. Wheat. Agriculture is extremely important in India. Almost 60% of the billion and more Indians live on the land – from and by agriculture. They belong to the poor section of the population, which has problems in feeding itself adequately. This of course attracts people away from the land into the cities, in search of their dream of a better life. Full of hope, but without education or money, they soon end up in one of the slum areas and remain there. They develop none of the mood of optimism enjoyed by the affluent middle-class, which is directed at the temptations of the Western world and enables them to buy cars, refrigerators, vacuum cleaners, washing machines and televisions. For the young people above all, their lives are no longer determined only by Shiva or Ganesh, but by Podcast, computer games, Lady Gaga, Internet and MTV.

Excellent universities are training up armies of computer specialists. The garden city of Bangalore is the centre of the IT sector, but in many other cities there are already, or soon will be, whole software parks, gigantic districts where the employees programme, research and optimise without pause. Biotechnology is fast becoming the second mainstay of the economy. And so one sees men in designer suits, and women in business costumes, hurrying through the streets with a mobile telephone pressed against their ear, while sacred cows chew the cud by the roadside and ascetics stand for days on one leg, their bodies smeared in ashes.

India – a country of fantastic variety almost to the point of contradiction. India – a country undergoing radical change. Whatever do the gods think of this?

History of the country

Finds testify to human settlement of the sub-continent over 30,000 years ago.

The actual history of India from the 4th millenium BC until about 1700 BC begins with the Harappa culture. High-quality crafted goods were produced in the towns and cities, creating and stimulating trade along both land and sea routes.

Nomadic Indo-Germans, spreading out from their original homeland west of the Urals, migrated to India. They first settled in the north-west, and later spread further into the Punjab and finally to the plains of the Indus and Ganges. Their settlements were of a village nature. Several basic features of Indian society and culture originate from this era, such as Hinduism and the caste system, the beginnings of kingship and the associated rituals, but also the basic principles of Indian philosophy. The political power lay in the hands of ruling clans, who produced the ruling dynasties of the monarchies, which developed in the 6th century BC.

King Ashoka (304–232 BC) and his bureaucracy succeeded in uniting the various parts of the sub-continent. Ashoka adopted the Buddhist faith. As a Buddhist he ordained that all religions could be observed. When Ashoka died, his kingdom did not survive for long. The reason was a financial crisis. Tax revenues were insufficient to support the vast bureaucratic apparatus.

The era of the Guptas began in 330 AD with Chandragupta I, who called himself the "Great King of Kings". The Guptas conquered many parts of India, and well understood how to arrange politically advantageous marriages. They allowed their provincial governors a certain degree of independence and autonomy, gave them land in fief, and legislative and administrative power.

As early as the beginning of the 6th century, the astronomer and mathematician Aryabata calculated the value of Pi as 3.1416, and the solar year as 365.358 days. Aryabata believed that the earth was a globe which rotates around its own axis. But his theories were rejected by astronomers with more conventional beliefs.

In the 13th century, Muslim rulers came to power in Delhi: the Sultans. They also attempted to establish a bureaucratic administration. The officials of the Sultan received a share of the tax revenues collected. The authority of the Sultan was based on his military capability, his adroitness in government and the loyalty which he demanded from his subjects. The subjects were predominantly Hindus. Although they were allowed to practice their religion, they had to pay a poll tax in return. The Sultans ruled in northern India until into the 16th century. Although they made repeated attempts to extend their power southwards, these brought no notable success.

During one of these attempts, the brothers Harihara and Bukka, both treasurers in the south, were abducted and taken to Delhi. In the belief that they had been converted to Islam, the rulers sent them back, years later, to their homeland. The brothers immediately broke away from Delhi, contrived a sophisticated water system, began the cultivation of cotton and started trading in precious stones and spices – and became richer and richer. They had temples built, and founded Vijayanagar, the modern-day Hampi, which became an international city with contacts to Africa and Europe, and further extended their commercial empire.

From 1526 to 1858, the country was ruled by the Moguls. Their power base extended from Agra to Delhi and on to Lahore. By the 17th century, their rule extended over the whole sub-continent. But over the course of time, their authority dwindled, and powerful nobles established their own independent principalities. Murshid Quli Khan of Bengal for example took an oath of loyalty to Delhi, but was otherwise completely independent. His successor discontinued the payment of taxes. By 1858, the last Grand Mogul had been displaced by the British. The Mogul era nevertheless left behind many magnificent buildings, such as the Taj Mahal.

At the beginning of the 17th century, European trading companies started establishing relationships with India, the largest and most powerful of which (it had its own army) was the British East India Company. It set up trading posts. Conflicts began to arise between the British and the Indians. When the company built a fort at Calcutta in 1756, it was attacked by the Mogul. The British responded immediately, bringing in reinforcements from Madras, and emerged victorious. From then on, the British demanded payments from the conquered territories. From the very first day, farmers and tenants rebelled, but the revolts were brutally suppressed.

At the beginning of their rule, it was the strategy of the British not to become involved in the internal affairs of India. In the first half of the 19th century, this strategy changed under Lord William Bentinck, who pursued a policy of westernisation. His positive reforms included the abolition of the practice of burning widows, and the law demanding their re-marriage. In 1857, India was subjected directly to the Engish crown.

Attempts to promote Indian nationalism into a mass movement repeatedly ended in the application of brute force. "And then came Gandhi. He was like a breath of fresh air, who allowed us to stretch ourselves and take a deep breath, like a ray of light in the darkness, under which the scales fell from our eyes, like a roaring torrent, which swept much away, but mostly the existing mentality of the people. He came not from the upper class, but from the masses of India, he spoke their language, and drew attention to them and their unspeakable living conditions", wrote Jawaharlal Nehru in his book "The Discovery of India".

When Gandhi entered the political arena in 1915, the Congress Party was divided into moderates and extremists. There was neither any structure nor unified purpose of protests. Gandhi restructured the party from the grass roots to the national level. His first attempt to mobilise the masses took place in 1917 in Gujarat, where he organised a movement against the suppression of the indigo planters. He insisted that protests should be non-violent. His resistance was based on the fundamental idea that all people were equal.

The British reacted with repressive measures, as if in a state of war. The measures included detention and sentencing of people without a hearing.

In April 1919, a crowd of people gathered in an enclosed square, the Jallianwala Bagh, in Amritsar. The crowd was behaving peacefully, but such assemblies were prohibited. Soldiers fired into the crowd. 370 people lost their lives in the unprovoked massacre, with a further 1,000 wounded. India was shocked.

On 11th March 1930, Gandhi, with 78 friends and supporters, set out on the 385-kilometre march from Ahmedabad to Dandi. The Salt March. He called on the Indians to oppose the prohibition, imposed by the British, against producing salt themselves. Thousands joined in the 24-day march. In Dandi, he bathed in the sea and gathered salt crystals. Many others did the same. As a result, 50,000 people were arrested, including Gandhi.

The representatives of the Moslems and Hindus failed to come to any agreement in their negotiations. The separatist movement of the Moslems was supported by the British. Power was handed over to two independent states: India and the predominantly Muslim Pakistan. Gandhi was appalled at the decision, which resulted in riots and outbreaks of violence. He dissociated himself entirely from the transfer of power. When India gained its independence on 15th August 1947, he refused to take part in the celebrations. The partition of the country was for him a betrayal of everything that he and Indian nationalism stood for. Nehru became the first Indian Prime Minister.

The neighbourhood with the new Pakistan resulted in military conflicts. The main subject of dispute was the province of Kashmir, which had long been ruled by Hindus, but whose population was largely Moslem. Both countries laid claim to Kashmir, which in 1964 resulted in the Indo-Pakistani war.

In the year 1971, during the 16-year term of office of Indira Gandhi, Nehru's daughter, India tested its first atomic weapon.

Following the assassination of Indira Gandhi on 31st October 1984, her son Rajiv came to power. His mission was the modernisation of the country, from a mediaeval agrarian society into the Computer Age. He was supported by his "Computer Boys", as the members of the government were called, because they consisted largely of managers of large companies. But Rajiv Gandhi had to admit to himself that the colossus that was India could not be changed overnight.

A new company culture established itself, one in which commercial success did not depend on heritage, political contacts or concessions obtained through bribery.

1997: With President K. R. Narayanan, an "untouchable" for the first time rose to the highest office of the state, and ten years later, Pratibha Patil became the first female head of state of the world's most populous democracy.

26.11.2008: In the financial and film metropolis of Mumbai, terrorist attacks are carried out, with 17 explosions and hostage-taking, with over 275 injured and 174 dead.

The problems of India continue to lie in corruption, the low level of education and health care, particularly in rural areas, and a large proportion of the population still lack even a modest standard of living.

India's democracy successfully includes minorities and disadvantaged groups. For example, a 33% quota is laid down for women in municipal administration, and seats in parliament are reserved for the lower caste groups.

India's foreign policy is progressively developing into a foreign trade policy, which skilfully establishes and maintains partnerships. Good relationships are maintained with Russia and America, from whom it buys raw materials and weapons respectively. Relationships with China and the European Union are also maintained and consolidated. However: "India has no allies", according to Nehru's foreign policy doctrine, and the situation remains so until today. But India remains in continuing conflict with Pakistan, which is now also a nuclear power.

Der Norden

Der nordindische Masala-Mix

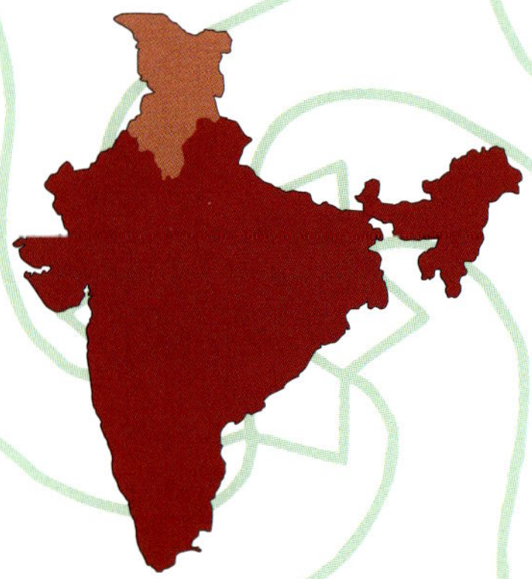

The North

The north-Indian masala mix

Jammu & Kaschmir
Ladakh
Himachal Pradesh
AMRITSAR
SARAHAN
MANAN
CHANDIGARH
SHIMLA
Punjab
Haryana
Delhi

Der nordindische Masala-Mix

Kargheit und Üppigkeit. Eine Mondlandschaft aus grauen Gipfeln und endlosen, windgepeitschten, trockenen Plateaus mit Flüssen aus Schmelzwasser der Gletscher und winzigen Feldern, die etwas Grün ins Grau tupfen. Eine Landschaft, die Demut gebietet. Ladakh.

Dagegen Üppigkeit, Wiesen, blühende Aprikosen- und Mandelbäume, grüne Reis- und gelbe Safranfelder. In den alten Schriften wird Kaschmir als „Smaragd in der Perlenkette des Himalaja" beschrieben.

Zum Norden gehören auch die Bundesstaaten Punjab, Haryana und Himachal Pradesh. Und die Hauptstadt Neu-Delhi.

Neu-Delhi

Ein Moloch mit unglaublicher Geräusch- und Geruchskulisse. Tuktuk-Geknatter, Hupen, Fahrradgeklingel, Autoabgase, Sandelholz, Schweiß, Räucherstäbchen, Kuhdung – und dazu der Smog, der in den Augen brennt, der die Lunge reizt. Menschen wuseln ohne eine Armesbreite Abstand. Ein Tanz der Leiber und Waren. Moderne Hochhäuser, Shopping Malls, ein Regierungsviertel mit Parks und Alleen, daneben Slums und Menschen, die auf der Straße schlafen.

Georg V., König von England und Kaiser von Indien, ließ den Sitz der Hauptstadt von Kalkutta nach Delhi verlegen. Eine völlig neue Stadt südlich des alten Delhis sollte es werden. Ab 1911 schufteten sich indische Bauarbeiter mehr als 20 Jahre durch die Planungen des englischen Architekten Edwin Lutyens. Sieben Städte hatten zuvor an der Stelle des heutigen Delhi gestanden. Die Baumeister haben nicht übereinander, sondern nebeneinander bauen lassen. So finden sich die verschiedenen Entwicklungsphasen über das heutige Stadtgebiet verteilt. Jeder, der an dieser Stelle eine Stadt baue, so die Legende, sei dazu verdammt, diese bald wieder zu verlieren. Dies widerfuhr 1947 den Engländern. Kaum waren die Bauarbeiten abgeschlossen, wurde Indien unabhängig und die Engländer zogen ab.

Vor den Engländern waren die Mogule in Nordindien an der Macht. Humayun, der zweite Herrscher der indischen Mogul-Dynastie, war mehr der Dichtkunst und dem Wein zugetan als der Politik. Bald hatte er seine Herrschaft verspielt. Aber nur vorläufig, denn mithilfe der Perser eroberte er sein Reich zurück. Von dort brachte er auch Handwerker und Künstler mit. Doch sein Triumph währte nicht lange: Humayun stürzte 1556 auf den Treppenstufen seiner Bibliothek und starb. Seine Witwe sah fort-

an nur noch einen Lebenssinn: Über dem Ufer des Yamuna sollte dem Gemahl zum Gedenken das schönste Grabmal des Reiches erbaut werden. Das Humayun-Mausoleum, das den Auftakt zur Entwicklung der opulenten Mogul-Architektur bildet. Just am Grab Humayuns endete im Jahr 1857 mit der Verhaftung des letzten Herrschers die Geschichte der Mogule. Schon zu Zeiten der Mogule war Delhi eines der kulturellen Zentren des Landes. Auch heute leben auffallend viele klassische Musiker in der Stadt, weil „All India Radio", der staatliche Sender und größte Auftraggeber für Musiker, hier seine Zentrale hat.

„Wenn es ein Paradies gibt, ist es hier, ist es hier, ist es hier." Diesen Spruch ließ Shah Jahan an Lal Qila, dem Roten Fort, anbringen. 1648 wurde die gewaltige Festungsanlage aus rotem Sandstein fertiggestellt. 360 Meter breit und 1,2 Kilometer lang. Mit einer umlaufenden Festungsmauer, geschwungenen Zinnen und Türmen wirkt es wie aus einem Guss geschaffen. Eher eine befestigte Palastanlage als eine Trutzburg, die das gewachsene Selbstbewusstsein der Mogule spiegelt.

Nur einen Kilometer vom Roten Fort entfernt liegt die größte Moschee Indiens: Jamia Masjid. Unübersehbar, auch wegen ihrer 40 Meter hohen Minarette, überragt sie die quirligen Basarviertel Alt-Delhis wie ein Fels in der Brandung. Der Innenhof der Moschee bietet schon Platz für mehr als 20000 Gläubige, dazu noch die große Gebetshalle mit ihren aus schwarzem und weißem Marmor gestalteten Kuppeln. Für den Bau wurden weder Kosten noch Mühen gescheut.

Kosten und Mühen werden immer noch bei der Wasserversorgung gescheut. Nur die Hälfte der Haushalte in Delhi ist an Wasserleitungen angeschlossen. Viele erhalten nur zwei Stunden am Tag fließendes Wasser. Wer es sich leisten kann, der gräbt einen eigenen Brunnen und zapft das Grundwasser an. Die Folge: Unter Delhi sinkt der Grundwasserspiegel jährlich um einen Meter. Umweltschützer schlagen Alarm, noch bleibt dieser ungehört.

Jammu und Kaschmir

Politisch bilden Kaschmir und Ladakh eine Einheit, zumindest auf indischer Seite. Ladakh ist der größte Distrikt des nordwestlichen Bundesstaates Jammu und Kaschmir. Doch Kaschmir liegt auch in Pakistan. Seit Jahrzehnten tragen beide Länder einen kriegerischen Konflikt um die Besitzansprüche aus. Seine Wurzeln reichen bis ins Jahr 1947, bis dahin war Kaschmir ein Fürstentum unter britischer Hoheit gewesen. Als die Kolonialherren abzogen und den Subkontinent in Indien und Pakistan teilten, sollte sich der Maharadscha von Kaschmir für eine Seite entscheiden. Er zögerte – bis indische und pakistanische Truppen von beiden Seiten in sein Land einmarschierten. Der erste Krieg endete 1949. Die damals vereinbarte Waffenstillstandslinie, die

Line of Control, teilt das Land noch heute: Ein Drittel fiel an Pakistan, zwei Drittel erhielt Indien. Über acht Millionen Bewohner der Region flüchteten oder wurden umgesiedelt. Bombenanschläge, Geiselnahmen, Überfälle. Kaschmir wurde zum explosiven Zankapfel, dazwischen immer wieder kleine Zeichen der Annäherung. Ladakh heißt soviel wie Land der hohen Pässe. Seine Täler liegen in 3500 bis 4000 Meter Höhe, seine Berge sind mehr als 7000 Meter hoch. Eine Kette vegetationsloser Berge reiht sich an die andere. Karg, trocken und lebensfeindlich, aber auch erhaben und wunderschön. Eine Natur, die den Menschen wenig gibt. Trotz dem leben Nomaden auf den fast 5000 Meter hohen, spärlichen Weiden. Sie wohnen in Zelten aus Yakhaar, eine Heimat zum Mitnehmen. Auch im Winter, wenn die Temperatur auf minus 30 Grad sinkt. Dann packen die Mütter ihren Kindern warmen Tierdung in die Pelze, damit Hände und Füße der Kleinen nicht erfrieren. Erst wenn sie drei Jahre alt sind, geben die Nomaden ihren Kindern einen Namen. Erst dann ist die Chance groß genug, dass sie überleben.

Ladakh mit seinen Hochgebirgswüsten und grünen Oasen ist eine Hochburg des tibetischen Buddhismus. Nicht umsonst wird es auch Klein-Tibet genannt. Mittelalterlichen weißgetünchten Bollwerken gleich ragen die bis zu zehnstöckigen Bergklöster auf. Sie thronen auf Felsrücken, kleben an Bergspornen, wie aus dem Fels gewachsen schmiegen sie sich in die schroffe Landschaft. Dem Himmel oft näher als der Erde. Die Mönche, die Menschen im Tal, die Menschen der nächsten und übernächsten Täler, sie alle verehren den Himalaja als Heimstatt der Götter. Anders, sagen sie, lässt sich die Existenz eines solchen Gebirges nicht erklären. So strömen Pilger und Besucher von überall her zu den Maskentänzen der Klöster. Wenn die mehr als zwei Meter langen, dumpf klingenden Rang-Dungs, die Trompeten, und die Muschelhörner erschallen, haben sich alle dicht gedrängt versammelt. Aus Kesseln strömen gesegnete Düfte. Mit riesigen, bunten, aus Holz oder Pappmaschee gefertigten Masken treten die Tänzer auf. Es scheint, als seien sie aus den Mandalas und Wandmalereien herabgestiegen. Die Tänze dienen der Volksbelehrung und Belustigung und sind hochwillkommene Abwechslung im harten Alltag.

Haryana und Punjab

Amritsar – das bedeutet „Teich des Nektars". Die Stadt ist das religiöse Zentrum der Sikhs. Eigentlich nur eine weitere indische Stadt mit viel Staub, aber Amritsar verfügt über das größte Heiligtum der Sikhs: den Goldenen Tempel mit dem heiligen Teich – dem Weiher des Nektars, dem heilende Kräfte zugesprochen werden. Inmitten des silbrig schimmernden „Teichs des Nektars der Unsterblichkeit" spiegelt sich die Silhouette des Goldenen Tempels. Das Meer der Unwissenheit überschreiten, um zu Gott zu finden, dies könnte seine architektonische Symbolik sein. Über Lautsprecher schallen Gesänge aus dem Adi Granth, dem heiligen Buch der Sikhs.

Ihre zunehmende Diskriminierung durch die Zentralregierung in Delhi ließ Anfang der achtziger Jahre des letzten Jahrhunderts einen schon lange schwelenden Extremismus der Sikhs zum Ausbruch kommen. Fanatiker besetzten den Goldenen Tempel. Sie wollten alle Andersgläubigen aus dem Punjab vertreiben und ihr eigenes Land Khalistan schaffen. Auf Befehl Indira Gandhis griff das Militär ein, Hunderte von Sikhs starben. Später wurde Indira Gandhi von zwei ihrer Leibwächter – Sikhs – ermordet.

Vielleicht ist Chandigarh, die Hauptstadt Punjabs und Haryanas, ein einziges Missverständnis. Ganz sicher aber eine gigantische Fehlplanung. Dabei hätten die Ausgangsbedingungen kaum günstiger sein können. Eine neue Stadt sollte errichtet werden, nachdem Lahore, die bisherige Hauptstadt des Punjab, nach der Teilung Indiens nun in Pakistan lag. Le Corbusier entwarf eine Stadt, die konsequent vom westlichen Prinzip der Effizienz und Logik bestimmt war. Doch was am Zeichentisch in Europa Sinn machte, funktionierte in Indien nicht. Chandigarh ist all das, was Indien nicht ist: trostlos, steril und organisiert. Eine steingewordene Unkenntnis des indischen Lebensalltags.

Himachal Pradesh

Wenn die Hitze in der Gangesebene unerträglich wird, ja beinahe krank macht, dann ist es Zeit, sich in die Kalka-Shimla-Bahn zu setzen. Die 1864 gebaute Bahn klettert auf einer Strecke von 100 Kilometern rund 1500 Meter hoch. Sie passiert dabei 103 Tunnel, fährt über 864 Brücken und durch 919 Kurven. Dann ist man der Hitze entflohen, ist in Shimla, 2200 Meter hoch in den Ausläufern des Himalajas. Bevor es die Bahn gab, zog zweimal im Jahr eine bis zu 20000 Mann starke Trägerkolonne nach Shimla. Vollbepackt mit Haushaltswaren, Aktenordnern, Abendroben. Denn immer im März verlegte die koloniale High Society ihren Wohnsitz für drei, vier Monate ins sommerfrische Shimla. Hunderte von Bediensteten sorgten dafür, dass den weißen Herren jeder Wunsch von den Lippen abgelesen wurde. Shimla wurde zur Königin der Hill Stations, mit Blick auf die Gipfel des Himalajas. The Mall, die Prachtstraße mit ihren vielen typisch englischen Häusern, war bis Ende des Ersten Weltkrieges für Inder tabu. Aber sie glänzte in viktorianischer Ordnung und Sauberkeit. Und tut es heute noch.

Im nordwestlichen Zipfel Himachal Pradeshs, inmitten der Berge um Sarahan, liegt eine andere Sommerresidenz: der Bhimakali-Tempel. Palast und Tempel. Die Residenz der Bushahr-Herrscher. In Himachal Pradesh, dem Staat der isolierten Täler, gibt es mehrere Tausend Tempel und verschiedenste Stile der Tempelarchitektur. Der Bhimakali-Tempel ist aus Holz. Fünf Stockwerke hoch, teilweise mit silbernen Türen. Die Dächer sind gewölbt wie bei einer Pagode. Eine Mischung aus buddhistischem und hinduistischem Baustil. Alle zehn Jahre wurde im Tempel ein Mann getötet und der Göttin Devi geopfert. Wollte man dies übergehen, besagt die Legende, war furchtbares Gebrüll aus der Erde zu hören. Devi verlangte nach einem Mann. Erst die Engländer machten Schluss mit den Menschenopfern.

Das Kullu-Tal, Manali oder Dharamsala mit seinen Tibetern – Himachal Pradesh ist von blühenden Tälern und schroffen Gipfeln durchzogen. Voller Ruhe, voll von landschaftlicher Schönheit. Glasklare Luft. Spiritualität. Dagegen Neu-Delhi, die pulsierende Hauptstadt, die niemals zur Ruhe kommt. Smog. Unterhaltung und Geschäfte. Nordindien ist wie eine Mischung vieler indischer Gewürze, wie ein Masala-Mix.

The north-Indian masala mix

Bleakness and lushness. A lunar landscape of grey peaks and endless, windswept dry plateaus with rivers of meltwater from the glaciers and tiny fields, dotting the grey background with islands of green. A landscape that commands humility. Ladakh.

In contrast lushness, meadows, blossoming apricot and almond trees, green rice paddies and yellow saffron fields. In the old scripts, Kashmir is described as the "emerald in the pearl necklace of the Himalayas".

The north also includes the states of Punjab, Haryana and Himachal Pradesh. And the capital New Delhi.

New Delhi

A juggernaut set against an unbelievable background of noises and smells. The rattle of auto-rickshaws, horns, bicycle bells, car fumes, sandalwood, sweat, joss-sticks and cow dung – and overlaying it all the smog, which burns the eyes and irritates the lungs. People bustling about without an arm's breadth between them. A maelstrom of people and goods. Modern skyscrapers, shopping malls, a government quarter with parks and boulevards, side-by-side with slums and people who have to sleep on the street.

Georg V, King of Great Britain and Emperor of India, had the capital moved from Calcutta to New Delhi. It was to be a completely new city to the south of the old Delhi. From 1911, Indian workers toiled for over 20 years over the plans of the English architect Edwin Lutyens. Seven towns previously stood on the site of today's Delhi. The master builders build not above one another, but next to each other. The various development phases are therefore spread out over the whole city area. Anyone who built a city on this spot, as legend had it, would be fated to lose it again soon. This is exactly what happened to the British in 1947. Hardly had the building work been completed, when India gained its independence, and the British moved out.

Before the British, it was the Moguls who held power in northern India. Humayun, the second ruler of the Indian Mogul Dynasty, was devoted more to the art of poetry and to wine than to politics. Soon he had lost his dominion. But only temporarily, for with the help of the Persians, he reconquered his empire. He also brought back with him craftsmen and artists from Persia. But his triumph was short-lived: in 1556, Humayun fell on the staircase of his library and died. His widow from then on saw only one purpose in life: above the banks of the Yamuna, the most beautiful tomb in the country was to be built in memory of her husband. The Humayun Mausoleum, which represented the dawn of the development of the opulent Mogul architecture. The era of the Moguls came to an end, again at the tomb of Humayun, in the year 1857, with the arrest of the last Mogul ruler. Even in the times of the Moguls, Delhi had been a cultural centre of the country. Many classical musicians still live in the city today, because "All India Radio", the national broadcaster and largest employer for musicians, has its headquarters here.

"If there is a Paradise, it is here, it is here, it is here." These were the words which Shah Jahan had inscribed on the Lal Qila, the Red Fort. This imposing fortress complex of red sandstone was completed in 1648, 360 metres wide and 1.2 kilometres long. With a surrounding fortress wall, arched battlements and towers, it looks to have been carved from a single huge block of stone. Rather a fortified palace complex than a defensive castle, which reflected the growing self-confidence of the Moguls.

Only a kilometre away from the Red Fort stands the largest mosque in India: Jamia Masjid. Unmistakable, if only because its 40 metre high minarets, it towers above the seething bazaar quarter of Old Delhi, solid as a rock. The inner courtyard of the mosque has room for over 20,000 believers, in addition to the great Prayer Hall, with its domes carved of black and white marble. No cost nor effort was spared on its construction.

Cost and effort is still spared however on the water supply. Only half of the houses in Delhi are connected to water mains. Many only enjoy flowing water for two hours per day. Anyone who can afford it digs their own well to tap the ground water. The result: The ground water level under Delhi is sinking by one metre every year. Environmental protectionists are ringing the alarm bells, but these have so far remained unheard.

Jammu and Kashmir

Politically, Kashmir and Ladakh form a single unit, at least on the Indian side of the disputed border. Ladakh is the largest district of the north-western state of Jammu and Kashmir. But part of Kashmir also lies in Pakistan. Both countries have been waging a warlike conflict over their territorial claims for decades. Its causes go back to the year 1947, until when Kashmir was a principality under British sovereignty. When the colonial rulers moved out and divided the sub-continent into India and Pakistan, the Maharaja of Kashmir had to decide in favour of one side or the other. He hesitated, until Indian and Pakistani troops marched into his country from both sides. The first war came to an end in 1949. The ceasefire line agreed at that time, the Line of Control, still divides the region today: one third fell to Pakistan, two thirds were allocated to India. Over eight million inhabitants of the region fled or were resettled. This was followed by bomb attacks, hostage-taking and other violence. Kashmir became an explosive bone of contention, interspersed occasionally with minor indications of rapprochement.

Ladakh means roughly the land of the high passes. Its valleys lie at an altitude of between 11,000 to 13,000 ft., while its mountains rise to over 23,000 ft. One chain of arid mountains follows the other. Barren, dry and inhospitable, but also sublimely beautiful. A natural environment which affords little comfort to man. Nomads nevertheless still live on the sparse, almost 16,000 ft. high pastures. They live in tents made of yak hair, carrying their homes with them when they move on. Even in the winter, when the temperature falls to 30 °C below freezing. Then the mothers pack warm animal dung into the hide clothing of the children to prevent their hands and feet from freezing. The nomads only name their children when they are three years old, because only then is there a reasonable chance that they will survive.

Ladakh, with its high mountain deserts and green oases, is a stronghold of Tibetan Buddhism. Not without reason is it also known as Little Tibet. The mountain monasteries up to ten storeys in height tower up into the air like whitewashed mediaeval bastions. They sit enthroned on rocky ridges, cling to mountain spurs, embedded in the rugged landscape as if grown out of the very rock itself. Often closer to heaven than earth. The monks, the people in the valley, those in the next valley and the one beyond, all revere the Himalayas as the home of the gods. How else, they say, can the existence of such a mountain range be explained? So pilgrims and visitors stream here from all corners of the world to the mask dances of the monasteries. When the over 2 metre-long, dull-sounding rang-dungs, the trumpets and the sankhas (conch horns) sound out, everyone has assembled into a tight crowd. Blessed scents arise from the pots. The dancers appear wearing huge, brightly-coloured masks made of wood or papier-mâché. It appears almost as if they have stepped down straight out of the mandalas and wall-paintings. The dances serve for the instruction and amusement of the people, and make a welcome change from the hard daily life.

Haryana and Punjab

Amritsar means "Pool of Nectar". The city is the religious centre of the Sikhs. Actually just another Indian town with a great deal of dust, but Amritsar is home to the greatest shrine of the Sikhs: the Golden Temple with the holy pool – the Pool of Nectar, to which healing powers are attributed. In the middle of the silver-shimmering "Pool of the Nectar of Immortality", the waters reflect the silhouette of the Golden Temple. Crossing the sea of unawareness to find one's way to god, this could be its architectural symbolism. Songs from the Adi Granth, the Holy Book of the Sikhs, ring out from loudspeakers.

At the beginning of the 1980's, the increasing discrimination by the central government in Delhi finally caused the long-smouldering extremism of the Sikhs to erupt. Fanatics occupied the Golden Temple. They wanted to drive all those of other faiths out of the Punjab, and establish their own country of Khalistan. On the orders of Indira Gandhi, the military intervened, and hundreds of Sikhs were killed. Indira Gandhi was later assassinated by two of her bodyguards – Sikhs.

Chandigarh, the capital of Punjab and Haryana is perhaps a unique misunderstanding. Certainly a horrendous case of bad planning. The initial conditions could hardly have been more favourable. A new city was to be built, after Lahore, the previous capital of the Punjab, now lay in Pakistan following the partition of India. Le Corbusier designed a city which was based consistently on the western principles of efficiency and logic. But what made sense on the drawing board in Europe did not work at all in India. Chandigarh is everything which India is not: cheerless, sterile and organised. A petrified lack of knowledge of the daily Indian way of life.

Himachal Pradesh

When the heat in the Ganges plain becomes unbearable to the point of illness, then it is time to climb into a carriage of the Kalka-Shimla railway. Constructed in 1864, the railway climbs almost 5,000 ft. over a stretch of only 100 kilometres. It passes through 103 tunnels, over 864 bridges and around 919 bends. Then one has escaped the heat, arriving in Shimla, 7,200 ft. up in the foothills of the Himalayas. Before the railway was built, a column of bearers numbering up to 20,000 men wound its was twice every year up to Shimla. Weighted down with household goods, official files and evening dress. For in March, the colonial high society always transferred its place of residence for three or four months to the summer freshness of Shimla. Hundreds of servants ensured that every wish of the white rulers was catered for, almost before it had been uttered. Shimla became the queen of the hill stations, with a view of the peaks of the Himalayas. The Mall, the elegant avenue with its many typically English houses, was out-of-bounds to Indians until the end of the First World War. But it shone with Victorian order and cleanliness, as it still does today.

At the north-western tip of Himachal Pradesh, amongst the mountains around Sarahan, lies another summer residence: the Bhimakali Temple. Palace and Temple both. The residence of the Bushahr rulers. In Himachal Pradesh, the state of the isolated valleys, there are several thousand temples and greatly varying styles of temple architecture. The Bhimakali Temple is built of wood. Five storeys high, with some of its doors of silver. The roofs

are arched like a pagoda. A mixture of Buddhist and Hindu architecture. Every ten years, a man was killed in the Temple and offered up as a sacrifice to the goddess Devi. If this were omitted, runs the legend, a terrible roaring and rumbling was heard from the earth. Devi demanded a man. Only the British put an end to human sacrifices.

The Kullu valley, Manali or Dharamsala with its Tibetans – Himachal Pradesh is interspersed with blossoming valleys and rugged peaks. Full of peace, full of natural beauty. Crystal-clear air. Spirituality. A huge contrast with New Delhi, the pulsating capital, which never comes to rest. Smog. Entertainment and business. Northern India is like a mixture of many Indian spices, like a masala mix.

Kloster Lamayuru, eines der ältesten und bekanntesten Klöster in Ladakh. Die Mönche des Klosters stellten bis ins 15. Jahrhundert die geistlichen Berater des Regenten. Heute leben hier noch ungefähr 200 Mönche des Rotmützenordens.

The Lamayuru Monastery, one of the oldest and most famous monasteries in Ladakh. Until the 15th century, the monks of the monastery provided the spiritual advisors of the Regent. About 200 monks of the Red Hat Order still live here today.

Spiritualität in Stein. Stupas oder Chörten sind Sakralbauwerke, in denen oft die Asche eines geehrten Menschen oder Reliquien aufbewahrt werden. Immer wieder trifft man in Ladakh auf die weiß leuchtenden Denkmäler und ältesten religiösen Bauwerke.

Spirituality in stone. Stupas or chorten are sacred buildings in which the ashes of a revered person or other relics are often kept. Many of these shining white structures and oldest religious buildings are to be found in Ladakh.

Das Kloster Lamayuru ist eines der sagenumwobensten Klöster Ladakhs. Einige der Gebäude stammen aus dem 11. Jahrhundert, als eine neue Verbreitungswelle den Buddhismus zu neuer Blüte in Ladakh führte.

The Lamayuru Monastery is one of the most legendary monasteries of Ladakh. Some of the buildings date from the 11th century, when a new wave of immigration brought Buddhism to new heights in Ladakh.

Die Buddhisten erwarten, dass in 1500 bis 2500 Jahren Maitreya, der Buddha des kommenden Weltzeitalters, vom Himmel herabsteigen wird, um die Menschen wieder zu den Prinzipien der Ethik zu führen.

The Buddhists expect that in 1,500 to 2,500 years, Maitreya, the Buddha of the New World Age, will descend from heaven in order to lead people back to the principles of ethics.

Die Tempelanlage Alchi, Weltkulturerbe der UNESCO und ein Juwel unter den Klöstern Ladakhs. Die 1000 Jahre alten Tempel bergen einige der wertvollsten Kunstschätze im gesamten Westhimalaja.

The temple complex of Alchi, a UNESCO world cultural heritage site and a jewel amongst the monasteries of Ladakh. The 1,000-year old temple houses some of the most valuable art treasures in all the western Himalayas.

Die spröde Berglandschaft in der Hochebene Ladakhs fasziniert mit Oasen in den Seitentälern des fruchtbaren Industales. Die Täler befinden sich auf einer Höhe von 3000 Metern über dem Meeresspiegel, die Berge erreichen Höhen von über 7000 Metern.

The rough mountain landscape of the high plateau of Ladakh is fascinating for the oases lying in the offshoots of the fertile Indus Valley. The valleys lie at an altitude of nearly 10,000 ft. above sea level, while the mountains reach heights of over 23,000 ft.

In Hemis findet alljährlich im Juni/Juli das größte und berühmteste Kloster-Fest statt. Es ist Padmasambhava gewidmet, dem heiligen Patron des Tibetischen Buddhismus, der den Buddhismus von Indien nach Tibet brachte. Padmasambhava erscheint unter einem großen Schirm, begleitet von zehn grimmigen Schutzgottheiten mit furchterregenden Masken.

The greatest and most famous monastery festival is held every year in June/July in Hemis. It is dedicated to Padmasambhava, the holy patron of Tibetan Buddhism, who brought Buddhism from India to Tibet. Padmasambhava appears under a great umbrella, accompanied by ten fierce protective deities with terrifying masks.

Die imponierende Klosteranlage Rizong liegt versteckt in einer engen Schlucht. Es ist das Kloster mit den strengsten Regeln in ganz Ladakh.

The imposing monastery complex of Rizong lies concealed in a narrow gorge. This is the monastery with the strictest rules in all Ladakh.

Der Goldene Tempel am „Nektarteich“ in Amritsar im indischen Bundesstaat Punjab. Hari Mandir – der Tempel Gottes – ist das höchste Heiligtum der Sikhs. Erbaut wurde er im 16. Jahrhundert vom fünften Guru der Sikhs, Guru Arjun Dev, und erfuhr weiteren Ausbau (eine goldene Kuppel) im 19. Jahrhundert unter Ranjit Singh.

The Golden Temple on the “Nectar Pool” in Amritsar in the Indian state of Punjab. Hari Mandir – the Temple of God – is the holiest place of the Sikhs. It was built in the 16th century by the fifth guru of the Sikhs, Guru Arjun Dev, and underwent further extension (a golden dome) in the 19th century under Ranjit Singh.

Jeder Besucher, der den Hari Mandir betritt, bekommt eine kleine süße Opfergabe. Die Pilger schlendern im Uhrzeigersinn um das Wasserbecken und bleiben immer wieder bei kleinen, dem Gründerguru geweihten Schreinen stehen. An der Ostseite des Nektarteiches essen bis zu 6000 Sikhs pro Tag gemeinsam im Speisesaal, um sich gegenseitig daran zu erinnern, dass alle Menschen gleich sind.

Every visitor who enters the Hari Mandir receives a small, sweet sacrificial offering. The pilgrims stroll clockwise around the pool, stopping again and again at small shrines dedicated to the founding guru. On the east side of the Nectar Pool, up to 6,000 Sikhs eat together every day, to remind themselves and each other that all men are equal.

Hari Mandir – Tempeldach mit goldener Kuppel.

Hari Mandir – Temple roof with golden dome.

Für viele Inder ist der Rock Garden in Chandigarh die größte Attraktion der Stadt. Er bildet ein surreales Fantasieland aus Neonröhren, Scherben, zerbrochenen Armreifen, Sicherungsschaltern, Tongefäßen und diversen Schrottgegenständen. Als Nek Chand 1958 mit dem Bau des Gartens begann, suchte er sein Material aus den Resten von Baustellen der von Le Corbusier entworfenen Stadt zusammen. Der Garten gilt weltweit als eines der herausragenden Gesamtkunstwerke.

For many Indians, the Rock Garden in Chandigarh is the city's greatest attraction. It forms a surreal fantasy land of neon lights, shards, broken bracelets, safety switches, earthenware pots and other items of scrap. When Nek Chand began constructing the garden in 1958, he sottught out his materials from remains of construction sites of the city designed by Le Corbusier. The garden is considered to be one of the world's outstanding works of art.

Shimla ist die Hauptstadt des Bergstaates Himachal Pradesh und die Königin unter den Bergstationen. Von 1864 bis 1939 war sie die Sommerresidenz der britischen Verwaltung.

Shimla is the capital of the mountain state of Himachal Pradesh and the queen of the hill stations. From 1864 to 1939 it was the summer residence of the British administration.

Innenhof des Mananeshwara (Shiva) Tempels in Manan.

Inner courtyard of the Mananeshwara (Shiva) Temple in Manan.

Eine der exotischsten Sehenswürdigkeiten in Sarahan vor dem Hintergrund des Himalaja ist der Bhimakali-Tempel, Sitz der Gottheit Kali. Der Komplex aus Palast und Tempel mit mehrstufigen Türmen und goldenen Turmspitzen ist der prachtvollste Holztempel am Rand der tibetischen Hochebene. Teile des Tempels sind über 800 Jahre alt.

One of the most exotic sights in Sarahan against the setting of the Himalayas is the Bhimakali Temple, the home of the god Kali. The complex consisting of palace and temple with stepped towers and golden spires is the most magnificent wooden temple on the border of the Tibetan plateau. Parts of the temple are over 800 years old.

Das imposante Tor „Lahore Gate“ aus rotem Sandstein ist der Haupteingang zum Roten Fort in Delhi. Hier wurde 1947 die Unabhängigkeit ausgerufen.

The imposing “Lahore Gate” of red sandstone is the main entrance to the Red Fort in Delhi. Indian independence was declared here in 1947.

Das Baha'i House of Worship ist mit seiner Kuppel eine der bekanntesten Sehenswürdigkeiten Delhis. Nach der Form der sich entfaltenden 27 Lotusblütenblätter aus weißem Marmor wird der Bau auch Lotustempel genannt.

The dome of the Baha'i House of Worship makes it one of the best-known sights in Delhi. The building is also called the Lotus Temple, after the shape of the 27 unfolding lotus blossom petals of white marble.

Swaminarayan Akshardham in Delhi. Der im Jahre 2005 erbaute Tempelkomplex zeigt nach Ansicht der Anhänger von Shri Swami Narayanananda 10 000 Jahre indische Kultur in aller Großartigkeit, Schönheit, Weisheit und Glückseligkeit.

Swaminarayan Akshardham in Delhi. Built in 2005, the temple complex, according to the followers of Shri Swami Narayanananda, depicts 10,000 years of Indian culture in all its splendour, beauty, wisdom and wonder.

Der Westen

Eine eigene Welt im indischen Universum

The West

A separate world in the Indian universe

BIKANER
DEVI KUND
BADA BAGH
JAISALMER
Rajasthan
ALWAR
SAMODE
JAIPUR
PUSHKAR
MANDORE
JODHPUR
KUMBHALGARH
RANAKPUR
CHITTAURGARH
BAROLI
MOUNT ABU
UDAIPUR
DUNGARPUR
Gujarat
PALITANA
JUNAGADH
GIRNAR

Eine eigene Welt im indischen Universum

Kamel-Karawanen vor der Silhouette der untergehenden Sonne in der unendlichen Weite der Wüste Thar, Frauen in brokatbestickten Saris, Männer mit leuchtend bunten Turbanen, von Schlachten lädierte Festungen, uralte Karawanenstädte, mit Gold und Juwelen geschmückte Paläste. Rajasthan, der zweitgrößte Bundesstaat im äußersten Nordwesten, scheint alle Bilder vom Märchenland Indien in sich zu vereinen. Tatsächlich weckt das ehemalige Rajputana, das Land der Königssöhne, Fantasien von Tausendundeiner Nacht.

Zwar verbindet die Wüste Thar Rajasthan mit Gujarat, dennoch ist der westliche Nachbar bei Besuchern lange nicht so beliebt. Gujarat war stets ein Zentrum der Jains, die zu den einflussreichsten und zupackenden Gruppen in Indien gehören. Dadurch zählt Gujarat zu den wohlhabendsten Regionen. Davon zeugen schon die Jain-Tempel von Palitana und Girnar.

Rajasthan

Rajasthan ist im indischen Universum eine Welt für sich. Rajasthan, das ist das raue Aravallis, eine der ältesten Gebirgsketten der Erde, und das ist die Wüste Thar. Fast 60 Prozent ist Wüste, in der der Monsunregen oft jahrelang ausbleibt. Bis zu 150 Meter hohe Sanddünen, die gen Osten der semi-ariden – also halbtrockenen – Wüste Thar mit Dornensträuchern und Gräsern weichen. Vier, sechs, acht Stunden kann man fahren, ohne einen einzigen größeren Ort zu passieren. Dafür kann man Kamelen, Geiern, Adlern, Bengalfüchsen, Schlangen und Wölfen begegnen.

Bis dann wie eine Fata Morgana in der Weite der Wüste auf einem gewaltigen Hügel eine Stadt auftaucht. Mit wuchtigen Wällen, einer Bastion gleich. Wüstenstädte. Karawanenstädte. Wie Chittorgarh, Jodhpur oder Jaisalmer. Nichts scheint sich hier verändert zu haben seit dem Mittelalter, als die Karawanen nach anstrengenden Etappen durch die unbarmherzige Wüste eine Pause einlegten, bevor sie in den Vorderen Orient weiterzogen, um ihre wertvollen Stoffe, Gewürze, Elfenbein und ihr Opium zu verkaufen. Jaisalmer. Vergangener Reichtum in goldene Fassaden ziseliert. Von einer mit 99 Wehrtürmen versehenen Mauer umgeben. Der Wüstenstaub hat sich wie ein Konservierungsmittel über die aus gelbbraunem Sandstein kunstvoll gefertigten Häuser gelegt.

Der Rajputenfürst Jaisal sah sich im 11. Jahrhundert gezwungen, eine neue, gut befestigte Stadt auf einem Hügel zu bauen. Zu stark war die Bedrohung durch Muslime. So entstanden einige Wüstenstädte Rajasthans. Doch die Muslime griffen immer wieder an, belagerten Jaisalmer und im 14. Jahrhundert eroberten sie die Stadt.

Über Jodhpur thront Meherangarh, das majestätische Fort der Maharadschas von Jodhpur. Mit sieben Toren, die während des steilen Aufstiegs zu durchqueren sind. Das erste Tor ist immer noch durch Kanonenkugeln verunstaltet, als Truppen aus Jaipur das Fort erobern wollten. Neben dem siebten Tor sind 32 Handabdrücke zu sehen. Maharanis, Ehefrauen von Maharadschas, hinterließen diese letzte Erinnerung, bevor sie auf den Scheiterhaufen ihres verstorbenen Mannes stiegen und sich mitverbrennen ließen. Eine jahrhundertealte Tradition, die erst von den Briten verboten wurde.

Doch was die Eroberer antrafen, ließ selbst hartgesottene Soldaten erstarren. Die Einwohner Jaisalmers hatten sich zum Jauhar entschlossen – dem Gruppen-Selbstmord der Frauen mit ihren Kindern, dem Tod in den Flammen. Währenddessen zogen die Männer ihre orangefarbenen Gewänder an, die sie zur Hochzeit getragen hatten, und stürzten sich noch einmal in den Kampf. Bis zum letzten Mann.

Stadt des Lichts wird Jodhpur genannt, aber eigentlich ist es die blaue Stadt. Viele Häuser im Gewirr der Altstadtgassen sind indigoblau. Blau bezeichnet das Haus eines Brahmanen, ein Angehöriger der Priesterkaste. Doch in Jodhpur haben auch Nicht-Brahmanen ihre Häuser indigoblau angestrichen. Das wirkt nicht nur frisch und lebendig, die Farbe soll auch lästige Moskitos vertreiben.

Eine Tradition, die es heute noch gibt, ist der Kamelmarkt in Pushkar. Der einzige seiner Art. Zu Kartik Poornima, dem Vollmond im November, wenige Tage nachdem die Götter aus ihrem Sommerschlaf erwachen und ihre Aufmerksamkeit den Menschen widmen, strömen Hunderttausende Pilger, Händler und Neugierige in die Stadt am Rande des heiligen Sees. Durch ein Bad reinigen sie sich von ihren Sünden. Auf den Dünen vor der Stadt campieren Viehhüter mit ihren Kamelen. Mal werden sie zur Tränke geführt, mal gefüttert. Die Männer sitzen im Schatten der Höcker, dösen, schweigen, rauchen, trinken süßen Tee. Irgendwann bahnt sich im Gespräch ein Geschäft an, so nebensächlich, als sei es unbeabsichtigt. Erste Geldscheine werden auf den Sand gelegt. Nebenan kann man sich rasieren lassen, Quasten oder bunte Troddeln fürs Kamel kaufen oder Pflugteile begutachten. Wenn die Farben im Abendlicht verblassen, schimmert der See und über einer großen Leuchttafel laufen die roten Buchstaben mit der Aufforderung: „Verschmutzen Sie den See in keiner Weise! Respektieren Sie das Heiligtum!“ Am Ende des Festes zieht das Kamel mit einem neuen Herrn weiter.

Vielleicht ziehen sie Richtung Jaipur. In die rosarote Stadt. Als der Glanz der Mogule verblich, brauchten die Rajputen ihre Paläste nicht mehr auf Hügel zu bauen. Auch Sawai Singh II. entschloss sich im 18. Jahrhundert, seine 700 Jahre alte Hauptstadt Amber zu verlassen und eine neue Stadt zu bauen. Jaipur. Als der englische Prinz Albert anlässlich eines Staatsbesuches 1876 nach Jaipur kam, wurden ihm zu Ehren alle Häuser der Altstadt mit der Begrüßungsfarbe Rosa gestrichen. Pink City ist seitdem nahezu unverändert geblieben. Am Spätnachmittag erstrahlen die Häuser mit ihren winzigen Fenstern, bogenförmigen Eingängen, geschwungenen Balkonen und Kuppeldächern im Licht der tief stehenden Sonne in sattem Rosa. Eine Stadt wie aus der Fantasie entsprungen. Das malerische Synonym für Indien.

Eigentlich ist es kaum mehr als eine Fassade, hinter der sich ein Treppenaufgang verbirgt, gleichzeitig ist der Palast der Winde das beste Beispiel für den verschwenderischen Lebensstil der Rajputenfürsten. Fünf Stockwerke hoch, mit 953 Nischen und Fenstern, mit Erkern und Balkonen, verziert bis in die oberste Kuppel wurde die Fassade einzig und allein deshalb gebaut, um den Haremsdamen unerkannt den Ausblick auf die pompösen Festumzüge zu ermöglichen. Dabei zog der Wüstenwind durch die glaslosen Fenster – und das Luftschloss hatte seinen Namen: Palast der Winde.

Gleich hinter dem Palast der Winde stehen große und kleine Baukörper in unterschiedlicher Form und Größe, schlicht und schnörkellos, eine Kombination aus geraden Linien und weit geschwungenen Kurven, aus Marmor und Sandstein, surrealistisch anmutend und doch für wissenschaftliche Zwecke erdacht: das Observatorium Jantar Mantar. Das größte steinerne Observatorium der Erde. Damit sollte ein exakterer Kalender als die bisher gebräuchlichen geschaffen werden. Die gewaltigen Ausmaße der Messinstrumente fußten auf der falschen Annahme, dass mit der Größe der Geräte auch deren Messgenauigkeit zunehmen würde. Dennoch ist das Observatorium der steingewordene Wunsch, über die Grenzen der eigenen Welt hinauszublicken.

Aus der Wüste Thar kommend entdeckt man die ersten grünen Flecken Erde vor den Stadttoren Udaipurs. Eine elegante Schönheit durch das harmonische Zusammenspiel von Altstadt, Palast, See und Bergen. Wie keine andere wechselt die Stadt ihr Gesicht mit dem veränderten Lichteinfall. Morgens erstrahlt sie in leuchtendem Weiß, später dann erscheint sie Rosa, der Sonnenuntergang hinter dem Aravalli-Gebirge taucht den See und die Stadt in Violett und nachts scheint die erleuchtete Insel mit dem Luxushotel inmitten des im Mondlicht schimmernden Pichola-Sees zu schweben. Filme wie der Klassiker „Der Tiger von Eschnapur“ und der James-Bond-Film „Octopussy“ wurden hier gedreht. Heute sitzt man auf den Dachterrassen, immer wieder werden die alten Filme gezeigt, wieder und wieder erzählen die damaligen Kinderkomparsen ihre Anekdoten, schmücken sie weiter aus, während eine Affenfamilie von Hausdach zu Hausdach hüpft. Man schaut auf den Bildschirm, wendet dann den Kopf, um die herrliche Szenerie im Original zu sehen.

Dominiert wird Udaipur vom Stadtpalast, dem größten Rajasthans. Ein Teil des Palastes dient heute noch als Residenz des Maharadschas. Über vier Jahrhunderte verwirklichten Herrschergenerationen ihre von unterschiedlichen Stil-Epochen beeinflussten Wohn- und Repräsentationsvorstellungen. So entstand am Ufer des Pichola-Sees ein Komplex, der aus vier Hauptpalästen und vielen Zusatzgebäuden besteht. Welche Pracht! Welcher Luxus! Den meist die einfachen Bauern durch hohe Abgaben und mit krummen Rücken der Oberschicht ermöglichten.

Gujarat

Gujarat steckt voller Vielfalt – wenig besuchter Vielfalt. Dabei spannt sich der Bogen von der südeuropäisches Ambiente ausstrahlenden, ehemals portugiesischen Kolonie Diu mit schönen Sandstränden, über den Sasan Gir Nationalpark, das letzte Rückzugsgebiet des asiatischen Löwen, die Rann von Kutch mit ihrer flachen Trockenlandschaft und den Nomaden, zur Wüstenstadt Bhuj bis zur Textilmetropole Ahmedabad, dem Manchester des Ostens und den Tempeln der Jains. Gujarat spielt auch eine Rolle in Gandhis Leben. Er wurde hier geboren und verbrachte hier seine Kindheit. Nach Ahmedabad zog er sich später wieder zurück, um die Unabhängigkeit vorzubereiten. Gäbe es einen Wettbewerb um die lauteste und hektischste Stadt Indiens, hätte Ahmedabad beste Siegeschancen.

Neben dem Mount Abu in Rajasthan, dem Shamesjikara in Bihar und dem Shatrunjaya gehört der Girnar zu den vier heiligen Bergen der Jains. Im Jainismus herrscht die dualistische Vorstellung, dass Zeitalter, in denen menschliche Tugenden und spirituelle Fähigkeiten wachsen, sich mit solchen des Niedergangs ewig abwechseln. Momentan befinden wir uns – nach den Lehren des Jainismus – im Zeitalter des Zerfalls.

7000 Stufen führen zum Gipfel des Girnar, finanziert durch eine Lotterie. 7000 Schritte zum Heiligtum. Vielleicht sind 7000 ein guter Mittelwert, denn selten finden sich so viele unterschiedliche Angaben: von 4000 bis hin zu 10 000 Stufen ist alles dabei. Da hilft nur eins: selber hochklettern und zählen. Wem dies zu schweißtreibend ist, der kann sich in einer Sänfte nach oben tragen lassen. Allerdings muss man sich zuvor auf eine Waage stellen, denn der Trägerpreis wird nach Gewicht festgelegt. Kurz vor dem Gipfel führt der Weg durch einen Wald von Marmortempeln, ganz oben dann, auf dem Berg, steht der Tempel der Amba Mata, der Muttergöttin, der Weltengöttin. Zu ihr pilgern frisch Vermählte, um Segen für ihre Ehe zu erbitten.

Ähnlich mühevoll ist die Besteigung des knapp 600 Meter hohen Shatrunjaya (Siegesplatz) beim Pilgerort Palitana. Der wichtigste Grundsatz des Jainismus ist Ahimsa, das Tötungsverbot. Darum tragen viele Gläubige einen Mundschutz, um das Einatmen von Insekten zu vermeiden. Übersät von 863 Tempeln ist der Siegesplatz nicht nur eine der heiligsten Pilgerstätten der Jains, sondern auch eine der größten. Dächer, Kuppeln, Treppen, dazu 230 000 Statuen – eine weiß schimmernde Marmorlandschaft vor dem tiefblauen Himmel. Über einen Zeitraum von 900 Jahren wurden die Tempel auf dem Hügel errichtet, der ausschließlich den Göttern geweiht ist. Sogar die Priester verlassen mit der Abenddämmerung die Tempel, denn dann wollen die Götter unter sich sein.

A separate world in the Indian universe

Camel caravans silhouetted against the setting sun in the unending vastness of the Thar Desert, women in brocade-embroidered saris, men in brightly-coloured turbans, fortresses ravaged by conflicts, ancient caravan towns with palaces adorned in gold and jewels. Rajasthan, the second-largest state in the extreme north-west, seems to bring together all the images of the fairy-tale land of India. The former Rajputana, the land of the King's sons, indeed arouses fantasies from the 1,001 Nights.

Although the Thar Desert connects Rajasthan with Gujarat, the western neighbour has long been not so popular with visitors. Gujarat was always a centre of the Jains, who are one of the most influential and active groups in India. This has made Gujarat one of the wealthiest regions, as demonstrated by the Jain temples of Palitana and Girnar.

Rajasthan

Rajasthan is a world to itself in the Indian universe. Rajasthan, the rough Aravalli range, one of the oldest mountain chains on earth, and the Thar Desert. Almost 60% of the region is desert, where the monsoon rain sometimes fails to appear for years on end. Sand dunes rising up to 500 ft., which to the east give way to the semi-arid Thar Desert with its thorn bushes and grasses. One can drive for four, six, eight hours without passing a single settlement of any size. Instead, the region is populated by camels, vultures, eagles, Bengal foxes, snakes and wolves.

Until, like a mirage in the vastness of the desert, a town appears, standing on a high hill. With massive ramparts, like a bastion. Desert towns, caravan towns, like Chittorgarh, Jodhpur or Jaisalmer. Nothing about them seems to have changed here since the Middle Ages, when the caravans, after strenuous marches through the merciless desert, took a break here, before continuing their route to the Middle East, to sell their valuable fabrics, spices, ivory and opium. Jaisalmer. Bygone wealth chased into golden façades. Surrounded by a wall with 99 defensive towers. The desert dust has laid itself like a preservative over the houses skilfully built of yellow-brown sandstone.

The Rajput Prince Jaisal saw himself forced in the 11th century to build a new, heavily-fortified town on a hill. The threat from Muslims was too great. This resulted in the construction of several of the desert towns of Rajasthan. But the Muslims kept up their attacks, laid siege to Jaisalmer and conquered the town in the 14th century.

But what the conquerors then experienced shocked even the most hardened soldiers. The inhabitants of Jaisalmer had decided to commit Jauhar, the self-immolation of the women with their children. As they died in the flames, the men drew on the orange-coloured robes which they had worn for their wedding, and threw themselves once again into the battle. Down to the last man.

Jodhpur is called the city of light, although actually it is the blue city. Many houses in the confusion of the old town alleyways are indigo blue. Blue designates the house of a Brahman, a member of the priest caste. But in Jodhpur, many non-Brahmans have also painted their houses indigo blue. This not only looks fresh and bright, the colour is also supposed to drive away the annoying mosquitoes.

Over Jodhpur towers Meherangarh, the majestic fort of the Maharajas of Jodhpur. With seven gates to be passed during the steep ascent. The first gate still bears the marks of cannonballs from the time when troops from Jaipur attempted to conquer the fort. Next to the seventh gate, 32 handprints are to be seen. Maharanis, the wives of maharajas, left behind this last reminder, before ascending the funeral pyre of their dead husband, to be burnt alongside him. A tradition hundreds of years old, which was only abolished under British rule.

One tradition that is still alive today is the camel market in Pushkar. The only one of its type. At Kartik Poornima, the full moon in November, a few days after the gods awake from their summer sleep and again devote their attention to the people, hundreds of thousands of pilgrims, merchants and curious observers stream into the town on the edge of the Holy Lake. They purify themselves of their sins by bathing in the lake. Herdsmen camp on the dunes before the town with their camels, taking them to the watering trough and feeding them. The men sit in the shade of the humps, dozing, resting, smoking or drinking sweet tea. Now and again, the conversation turns to business, so incidentally that it appears unintentional. The first banknotes are laid on the sand. Nearby one can have a shave, buy tassels or braids for the camel or examine plough parts before purchasing. When the colours start to pale in the evening light, the lake shimmers, and on a large illuminated panel appear in red letters the words: "Do not defile the lake in any way! Respect this holy place!" At the end of the festival, the camel moves on with a new master.

Perhaps they are heading in the direction of Jaipur, the Pink City. When the splendour of the Moguls was extinguished, the Rajputs no longer needed to build their palaces of hills. Sawai Singh II also decided in the 18th century to leave his 700-year old capital Amber, and build a new city. Jaipur. When the English Prince Albert came to Jaipur on the occasion of a state visit in 1876, all the houses of the old town were painted in the welcoming colour pink in his honour. The Pink City has remained almost unchanged since then. In the late afternoon, the houses with their tiny windows, arched entrances, curved balconies and domed roofs shine out in rich pink in the light of the setting sun. A city as if taken from the pages of a fairytale. The picturesque synonym for India.

Actually it is hardly more than a façade, which conceals behind it a staircase, although the Palace of the Winds is perhaps also the best example of the extravagant lifestyle of the Rajput princes. Five storeys high, with 953 niches and windows, with bays and balconies, and decorated right up to the topmost dome, the façade was built for the sole purpose of enabling the women of the harem to watch the pompous festival processions below, without themselves being seen. The desert wind blew through the unglazed windows, giving the castle its name: Palace of the Winds.

Directly behind the Palace of the Winds stand large and small buildings of different shapes and sizes, plain and unostentatious, a combination of straight lines and long sweeping curves, built of marble and sandstone, making a surrealistic impression yet intended for scientific purposes: the Observatory of Jantar Mantar. The largest stone observatory on earth. This was intended to create a more accurate calendar than those used previously. The huge dimensions of the measurement instruments were based on the incorrect assumption that the measurement accuracy of the instruments would also increase with their size. Nevertheless, the Observatory expresses in stone the desire to look beyond the boundaries of one's own world.

Coming from the Thar Desert, one discovers the first green patches of earth before the city gates of Udaipur. An elegant beauty is created by the harmonious interplay of the old town, palace, lake and mountains. The town changes its appearance like no other with the changing incidence of light. In the mornings, it radiates in brilliant white, later changing its guise to pink, while the sunset behind the Aravalli mountains bathe the lake and the town in violet, and at night, the illuminated island with the luxury hotel seems to float in the shimmering moonlight reflected from the surface of Lake Pichola. Films such as the classic "The Tiger of Eschnapur" and the James Bond film "Octopussy" were shot here. Today people sit on the roof terraces while the old films are shown again and again, the child extras of the time repeat their anecdotes, embellishing them further all every time, while a family of monkeys leaps from rooftop to rooftop. People look at the screen, and then simply turn their heads in order to see the magnificent scenery in the original.

Udaipur is dominated by the City Palace, the largest in Rajasthan. Part of the palace still serves today as the residence of the Maharaja. Over four centuries, generations of rulers here realised their ideas of splendiferous living, which were influenced by different style epochs. This resulted in the construction on the banks of Lake Pichola of a complex consisting of four main palaces and many outbuildings. What splendour! What luxury! Made possible for the upper classes mainly due to high taxes paid by the simple farmers and the bent backs of labourers.

Gujarat

Gujarat is bursting with variety – although it attracts few visitors. This ranges from the southern-European ambience of the former Portuguese colony of Diu, with its beautiful sandy beaches, to the Sasan Gir National Park, the last refuge of the Asian lion, the Rann of Kutch with its flat, arid landscape inhabited by nomads, the desert town of Bhuj and the textile metropolis of Ahmedabad, the Manchester of the East, and the temples of the Jains.

Gujarat also played an important role in the life of Gandhi. It was here that he was born and spent his childhood. He returned to Ahmedabad into retreat, in order to prepare for independence. If there were a competition to find the loudest and most hectic city in India, Ahmedabad would be the favourite.

Girnar is one of the four holy mountains of the Jains, together with Mount Abu in Rajasthan, the Shamesjikara in Bihar and the Shatrunjaya. Jainism holds the dualistic belief that ages in which human virtues and spiritual abilities grow, alternate eternally with periods of decline. At the moment, according to the teachings of Jainism, we are in an age of decline.

7,000 steps lead up to the summit of the Girnar, financed by a lottery. 7,000 steps to the shrine. Perhaps 7,000 is a good average, because the same figure is hardly ever given twice: any possible figure from 4,000 to 10,000 steps. The only thing to do is to climb it oneself and count them. Anyone who finds this too demanding can have themselves carried up in a sedan chair. However, they will have to stand on a scale first, because the carriage price is set according to weight. Shortly before the summit, the path leads through a veritable forest of marble temples, and at the very top of the mountain stands the temple of Amba Mata, the mother-god, the god of worlds. Newly married couples make the pilgrimage here to ask for blessing on their marriage.

The climb to the 1,970 ft. high Shatrunjaya (Place of Victory) at the pilgrimage site of Palitana is equally strenuous. The most important principle of Jainism is Ahimsa, the prohibition against killing. For this reason, many believers wear a face-mask to avoid breathing in insects. Sown with 863 temples, the Place of Victory is not only one of the holiest pilgrimage sites of the Jains, but also one of the largest. Roofs, domes, staircases, and 230,000 statues – a shimmering white marble landscape set against the deep blue of the sky. The temples were constructed on this hill over a period of 900 years, and the hill is dedicated exclusively to the gods. Even the priests leave the temples at twilight, for then the gods want to be alone.

Jain-Tempelkomplex von Girnar. Der heilige Berg Girnar wird nicht nur von den Jains, sondern wegen seiner Verbindung zu Shiva auch von den Hindus verehrt. Schon im dritten Jahrtausend v. Chr. siedelten sich hier Menschen an. 7000 Stufen und 1000 Höhenmeter sind zu überwinden, bis man einen überwältigenden Blick auf den Tempelkomplex mit sechzehn Marmortempeln werfen kann.

The Jain Temple complex of Girnar. The holy mountain of Girnar is revered not only by the Jains, but also by the Hindus because of its connection with Shiva. People settled here in the 3rd millennium BC. 7,000 steps rising nearly 3,300 ft. in height have to be negotiated before obtaining a breathtaking view of the temple complex with its sixteen marble temples.

Mahabad Maqbara mit Moschee. Das Mausoleum der königlichen Familie mit sehr schönen architektonischen Elementen ist eine Kombination von indischen, islamischen und gotischen Stilen. Daneben liegt die Freitagsmoschee, die größte und schönste Moschee der Stadt Junagadh.

Mahabad Maqbara with mosque. The mausoleum of the royal family with its extraordinarily beautiful architectural elements is a combination of Indian, Islamic and Gothic styles. Next to it stands the Friday Mosque, the largest and most beautiful mosque in the city of Junagadh.

Auf dem heiligen Berg Shatrunjaya nahe der Stadt Palitana in Gujarat drängen sich über 800 Jain-Tempel und 230 000 Statuen. Es ist der größte Tempelbezirk Indiens und die größte Verehrungsstätte der Jains. Wie der Buddhismus entstand der Jainismus als Reformbewegung aus dem Brahmanismus.

Over 800 Jain temples and 230,000 statues huddle together on the holy mountain of Shatrunjaya near the town of Palitana in Gujarat. This is the largest temple area in India and the greatest place of worship of the Jains. Like Buddhism, Jainism developed as a reform movement from Brahmanism.

Die Jain-Tempelstadt auf dem Mount Shatrunjaya nahe Palitana.

The Jain temple city on Mount Shatrunjaya near Palitana.

Frauen beim täglichen Wasserholen in Alwar.

Women at the daily task of fetching water in Alwar.

Stadtpalast Vinay Vilas in Alwar. Bei diesem Palast verschmelzen Stilelemente der Rajputen- und der Mogularchitektur zu einer barock anmutenden Fülle von Bögen, Balkonen und Pavillons. Er spiegelt den Lebensstil der Maharadschas von Alwar wieder, die als die Reichsten unter den Rajputen-Fürsten galten.

The town palace of Vinay Vilas in Alwar. In this palace, stylistic elements of Rajput and Mogul architecture merge into a Baroque abundance of arches, balconies and pavilions. It reflects the way of life of the Maharajas of Alwar, who were the richest of the Rajput princes.

Stadtpalast Vinay Vilas in Alwar.

The town palace of Vinay Vilas in Alwar.

An einer Oase stehen in Bada Bagh dicht aneinander gereiht die Verbrennungsstätten und Kenotaphe der Herrscher von Jaisalmer. Die aus gelbem Sandstein erbauten Chhatris beschützen die Grabsteine der verstorbenen und hier eingeäscherten Adeligen. Die Gedenktafeln unter den Pavillons zeigen Rajputenherrscher und ihre seinerzeit beim Tod des Ehemannes auf dem Scheiterhaufen verbrannte Gemahlinnen.

The cremation sites and cenotaphs of the rulers of Jaisalmer stand close together in rows at an oasis in Bada Bagh. The chhatris of yellow sandstone protect the gravestones of the dead nobles who were cremated here. The memorial plaques under the pavilions show Rajput rulers and their wives, who in those days were cremated alive on the funeral pyre of their dead husband.

Abseits der touristischen Wege liegen mitten in einem bewaldeten Landstrich mehrere Shiva-Tempel von Baroli, die zu den ältesten noch erhaltenen Tempelanlagen Rajasthans zählen.

Away from the tourist routes in the middle of a wooded stretch of country lie several Shiva temples of Baroli, which are amongst the oldest still-preserved temple complexes in Rajasthan.

Shiva-Tempel von Baroli.

Shiva temple of Baroli.

Bikaner, durch die angrenzende Wüste Thar vor Feinden gut geschützt, schöpfte seinen beachtlichen Reichtum, der sich auch im Lalgarh-Palast widerspiegelt, aus seiner Lage an der Handelsroute zwischen Hindustan und Afghanistan.

Well protected against enemies by the adjoining Thar Desert, Bikaner earned its substantial wealth, which is also reflected in the Lalgarh Palace, from its location on the trade route between Hindustan and Afghanistan.

Auf dem königlichen Verbrennungsplatz ragen Kenotaphe der Herrscher von Udaipur empor. Jedes der unzähligen Chhatris enthält ein Bild Shivas und des jeweiligen Königs zusammen mit seinen Frauen.

The cenotaphs of the rulers of Udaipur tower up on the royal cremation site. Every one of the innumerable chhatris displays an image of Shiva and the relevant king, together with his wives.

Wie Sommerpavillons mit verspielten Kuppeldächern leuchten die Totengedenkstätten der Herrscher von Bikaner in Devi Kund. Die Chhatris mit reich verzierten Säulen aus Marmor und Sandstein sind um ein künstliches Wasserbecken angeordnet. Alle Fürsten von Bikaner haben hier ihre letzte Ruhestätte gefunden.

The memorials of the rulers of Bikaner in Devi Kund shine like summer pavilions with artful domed roofs. The chhatris, with richly decorated columns of marble and sandstone, are arranged around an artificial basin. All the princes of Bikaner have found their final resting-place here.

Im Udaivilas-Palast von Dungarpur befindet sich ein Hof mit Pavillon, eine Krönung rajputischer Architektur.

The Udaivilas Palace of Dungarpur contains a courtyard with pavilion, the crowning glory of Rajput architecture.

Der siebenstöckige Juna-Mahal-Palast in Dungarpur prunkt mit üppigster Ornamentierung und enthält einige der schönsten Fresken in Rajasthan. Sie sind bemerkenswert gut erhalten, denn lange Jahre hatte kein Eroberer die Möglichkeit, sie zu zerstören.

The seven-storey Juna-Mahal Palace in Dungarpur boasts luxurious ornamentation and contains some of the most beautiful frescos in Rajasthan. They are remarkably well preserved, for they were spared the depredations of conquerors for many long years.

Weit ab, in einer schwer zugänglichen Region, liegt das unberührt gebliebene Städtchen Dungarpur. Mittelalterliche Tempel, Paläste und Festungen mit fast zur Gänze erhaltenen Wandgemälden belohnen den Besucher, der diesen Weg nicht scheut. Angrenzend liegt der Vijay Raj Rajeshwar-Tempel in seiner weißen Marmorpracht im See Gaib Sagar, der in den Wintermonaten Heimat von Tausenden von Zugvögeln ist.

Far from the beaten path, in a largely inaccessible region, lies the untouched small town of Dungarpur. Mediaeval temples, palaces and fortresses with almost completely preserved wall paintings await the visitor who is prepared to come this far. Close by stands the Vijay Raj Rajeshwar Temple in its magnificent garb of white marble on Gaib Sagar Lake, which in the winter months plays host to thousands of migrating birds.

Wahrzeichen der Stadt Jaipur, Hauptstadt Rajasthans, ist der weltweit bekannte Palast der Winde. Ihren Namen erhielt die mit 953 Fenstern ausgestattete Fassade wegen der raffinierten Luftzirkulation. Unter anderem diente sie den Haremsdamen dazu, die verschwenderischen Festumzüge der herrschenden Rajputenfürsten verfolgen zu können, ohne selbst gesehen zu werden.

The landmark of the city of Jaipur, the capital of Rajasthan, is the world-famous Palace of the Winds. The façade with 953 windows takes its name from its sophisticated air circulation. It was used amongst other things by the women of the harem, so that they could follow the extravagant festival processions of the ruling Rajput princes, without themselves being seen.

Das Elefantenfest in Jaipur ist Teil des Holifestes mit einem Umzug prächtig geschmückter Elefanten, Kamele und Pferde.

The Elephant Festival in Jaipur is part of the Holi Festival, and includes a procession of splendidly bedecked elephants, camels and horses.

Das Elefantenfest in Jaipur.

The Elephant Festival in Jaipur.

Das Elefantenfest in Jaipur.

The Elephant Festival in Jaipur.

Puppen dienen der Bewahrung des indischen Kulturerbes. Dargestellt werden oft Episoden aus den indischen Epen Ramayana und Mahabharata.

Puppets play their part in preserving the Indian cultural heritage, often depicting episodes from the Indian epics Ramayana and Mahabharata.

Schüsseln mit Farbpulver für das Holifest.

Bowls full of powder-paints for the Holi festival.

Zum Frühlingsbeginn im März wird das ausgelassene Farbenfest im gesamten Norden gefeiert. Menschen umarmen sich, beschmieren und bewerfen sich mit Wasserfarben und buntem Farbpulver, um den Winter zu vertreiben.

At the start of spring in March, a festival of colour is celebrated throughout northern India. People embrace, smear and deluge each other in water colours and bright powder-paints to drive away the winter.

Samode Haveli, das ehemalige Stadthaus der Maharadschas von Samode.

Samode Haveli, the former residence of the Maharajas of Samode.

Kleine Marmorkunstwerke stellen die königlichen Verbrennungsstätten der Maharadschas von Jaipur in Gaitor dar. Unter dem islamischen Einfluss begannen mehrere Rajputenherrscher Grabmale zu bauen, die ihren Ruhm über den Tod hinaus bewahren sollten.

Small marble works of art depict the royal cremation sites of the Maharajas of Jaipur in Gaitor. Under the influence of Islam, several Rajput rulers began to build tombs and mausoleums, which were intended to preserve their renown beyond death.

Sonnenschirme in Jaipur.

Parasols in Jaipur.

Wie eine Fata Morgana erhebt sich das mit 99 Wehrtürmen versehene Fort von Jaisalmer aus der flachen, baumlosen Wüste. Am Schnittpunkt mehrerer Karawanenstraßen entwickelte sich **Jaisalmer** zur „Goldenen Stadt“.

With its 99 fortified towers, the Fort of Jaisalmer rises up out of the flat, treeless desert like a mirage. Lying at the intersection of several caravan routes, Jaisalmer became the “Golden City”.

Jaintempel in Jaisalmer. Eine Vielzahl prächtiger Tempel und Kultstätten findet man in großen Teilen des Landes, die aufgrund des Wohlstandes und der großzügigen Stiftungstätigkeit einer kleinen religiösen Minderheit ermöglicht worden sind.

Jain temple in Jaisalmer. Many splendid temples and cult sites can be found throughout the country, which were made possible by the affluence and generous foundation activities of a small religious minority.

Pavillons im Gadi Sagar-See. Dieses im 14. Jahrhundert erbaute Regenwasser-Reservoir war früher die einzige Wasserquelle von Jaisalmer.

Pavilions on Gadi Sagar Lake. Constructed in the 14th century, this rainwater reservoir was in earlier times the only source of water for Jaisalmer.

Patwon-Ki-Haveli in Jaisalmer. Ein prachtvolles Wohn- und Geschäftshaus, das von einem Gold- und Silberhändler für seine fünf Söhne errichtet wurde. Das Haveli beeindruckt durch seine unzähligen Erker, Balkone und Pavillons mit kunstvollen, filigranen Steinmetzarbeiten.

Patwon-Ki-Haveli in Jaisalmer. A grand residential and business structure, which was built by a gold and silver merchant for his five sons. The Haveli is notable for its innumerable oriels, balconies and pavilions with their artistic and delicate stonemasonry work.

Meherangarh Fort in Jodhpur mit Grabmal Jaswant Thada, eine Gedenkstätte für das Geschlecht der Rathor von Marwar.

Meherangarh Fort in Jodhpur with the Jaswant Thada tomb, a memorial to the Rathor dynasty of Marwar.

„Von Titanen erbaut“ beschrieb Rudjard Kipling die hoch auf einem Felsen thronende Festung Meherangarh, deren Mauern scheinbar übergangslos aus dem roten Sandstein ragen.

“Built by Titans” was the tribute ascribed by Rudyard Kipling to the fortress of Meherangarh, towering on its rock prominence, whose mighty walls appear to thrust themselves up out of the living red sandstone rock.

Bevor Jodhpur gegründet wurde, war Mandore für ein halbes Jahrhundert Hauptstadt der Marwaris. Am Fuß des alten Forts befinden sich die Chhatris der ehemaligen Herrscher.

Before Jodhpur was founded, Mandore was for half a century the capital of the Marwaris. At the foot of the old fort stand the chhatris of the former rulers.

Dreitausend Arbeiter benötigten sechzehn Jahre, um den Umaid-Bhawan-Palast in Jodhpur, einen der größten und prunkvollsten Wohnsitze Indiens, zu errichten. Das Bauwerk stellt mit seinen 347 Zimmern eine Mischung aus Buckingham Palace und Petersdom dar.

Three thousand labourers took sixteen years to build the Umaid-Bhawan Palace in Jodhpur, one of the largest and most magnificent residences in India. With its 347 rooms, the building is a mixture of Buckingham Palace and St. Peter's Basilica.

Im Aravalligebirge südwestlich von Jodhpur liegt der Pilger- und Wallfahrtsort Mount Abu mit einer mit feinster Ornamentik versehenen Jain-Tempelanlage.

In the Aravalli Mountains to the south-west of Jodhpur lies the pilgrimage site of Mount Abu, with its beautifully ornamented Jain temple complex.

TITANIC

Blick auf den Adinatha-Tempelkomplex von Ranakpur.

View of the Adinatha temple complex of Ranakpur.

Das religiöse Fest Pushkar Mela wird zum Anlass genommen, um Kamele zum größten Markt der Welt zu treiben. Der legendäre Markt mit über 20000 Kamelen und 200000 Gläubigen, Akrobaten, Zauberern, Musikanten, Gauklern und Wahrsagern ist ein überwältigendes Ereignis.

The religious festival of Pushkar Mela is taken as an occasion for camel-drivers to take their beasts to the largest camel market in the world. This legendary market with over 20,000 camels and 200,000 believers, acrobats, magicians, musicians, jugglers and soothsayers, is an overpowering experience.

Begegnungen auf der Dorfstraße.

Meetings on the village road.

Eine der beeindruckendsten und wehrhaftesten Festungen auf indischem Boden ist Kumbhalgarh nordwestlich der Stadt Udaipur auf einem Bergrücken im Aravalligebirge. Diese Festung konnte jedoch eine Eroberung durch islamische Mogule nicht verhindern, da diese das Trinkwasser vergifteten.

One of the most impressive and most fortified defensive works on Indian soil is Kumbhalgarh to the north-west of the city of Udaipur, perched on a mountain ridge in the Aravalli Mountains. This fortress however could not avoid conquest by Islamic moguls, since they poisoned the drinking water.

Udaipur am Pichola- und Fateh Sagar-See, die alte Hauptstadt des Fürstentum Mewar.

Udaipur on the Pichola and Fateh Sagar lakes, the old capital of the principality of Mewar.

Hochzeitsprozession des Jain-Gottes Neminath, eine Miniaturmalerei aus der Schule der Mewar aus Udaipur. Die rajputische Malerei erlebte ab dem 16. Jahrhundert ihre Blüte und hat eine bedeutende Rolle bei der Entwicklung der indischen Kunst gespielt.

Wedding procession of the Jain god Neminath, a miniature of the Mewar school of Udaipur. Rajput painting experienced its heyday from the 16th century, and has played a significant role in the development of Indian art.

Glasmosaiken im Stadtpalast von Udaipur.

Glass mosaics in the city palace of Udaipur.

Chittaurgarh ist das nationale Symbol des Widerstandes gegen die Fremdherrschaft der muslimischen Invasoren. Drei Mal endete das Schicksal der Bevölkerung nach der Belagerung durch islamische Aggressoren auf die gleiche Weise: Während die Frauen auf einem Scheiterhaufen den Freitod suchten, stürzten sich die Männer ohne Rüstung auf einem letzten Ausfall in den sicheren Tod.

Chittaurgarh is the national symbol of the resistance against the foreign rule of Muslim invaders. Three times the population suffered the same fate after being besieged by Islamic aggressors: while the women immolated themselves on pyres, the men made a last lunge at the enemy, without weapons, going to certain death.

Zentralindien

Architektonische Juwele, Unabhängigkeitskampf und eine Stadt voller Magie

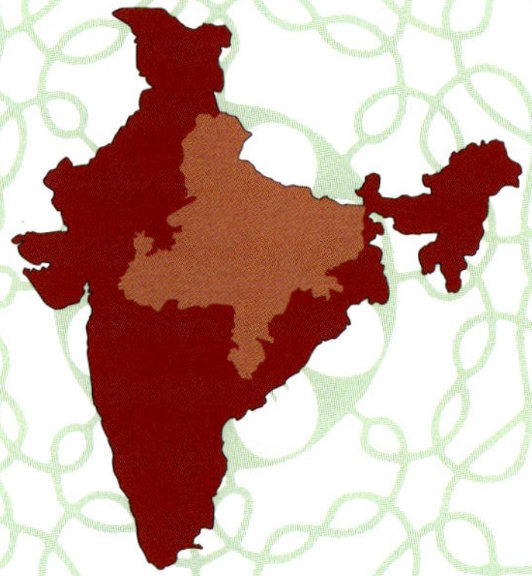

The Centre

Architectural jewels, the struggle for independence and a city full of magic

RISHIKESH
HARIDWAR
Uttarakhand
SIKANDRA
AGRA
FATEHPUR SIKRI
Uttar Pradesh
GWALIOR
LUCKNOW
SONAGIRI
DATIA
ORCHA
VARANASI
Bihar
BODH GAYA
KHAJURAHO
Madhya Pradesh
Jharkhand
SANCHI
Chhattisgarh

Architektonische Juwele, Unabhängigkeitskampf und eine Stadt voller Magie

Begnadete Künstler, die schon vor Jahrhunderten Bauten, Skulpturen und Wandreliefs von unvergänglicher Schönheit geschaffen haben, Spiritualität, Größenwahn, Verschwendungssucht, staubige Ebenen, heilige Flüsse. Geier, die sich von der Thermik auf die Kuppeln eines Tempels in Orcha tragen lassen. Das Hämmern und Sägen der Handwerker auf dem Markt. Der Schauplatz von Rudyard Kiplings „Dschungelbuch", die architektonische Eleganz des Taj Mahal. Erotische Steinfiguren und lästige Schlepper in Khajuraho, jungsteinzeitliche Felsmalereien in den mehr als 700 Steingrotten bei Bhimbetka südlich von Bhopal, Yogakurse und Erleuchtung. Hirse, Tabak, Reis. Das ist ein Teil von Zentralindien, das sind die Bundesstaaten Bihar, Madhya Pradesh und Uttar Pradesh.

Bihar

Ganze Familien schuften in Ziegelfabriken. Der lehmrote Schweiß rinnt ihnen über die Gesichter. Mühsam schiebt ein Mann ein altersschwaches, schwarzes Fahrrad, auf das 100 Kilogramm Kohle gepackt sind. In einem umgedrehten Regenschirm werden ein paar Chilischoten in der Sonne getrocknet. In Bihar sind die Hütten der Menschen noch kleiner als sonst irgendwo in Indien, genauso wie die Alphabetisierungsrate, dafür ist das Elend größer und auch die Korruption. Bihar, mit seinen rund 104 Millionen Einwohnern, ist einer der ärmsten Bundesstaaten Indiens.

Aber es gibt auch Bodh Gaya, den Ort der Erleuchtung. Die kleine Stadt, in der einst Siddharta Gautama unter einer Pappel-Feige, dem Bodhi-Baum, die Erleuchtung erlangte. Wo Siddhartha Gautama zum Buddha – zum Erleuchteten – wurde. Bodh Gaya ist weltweit das wichtigste buddhistische Pilgerziel. In seinem Mittelpunkt steht der Mahabodhi-Tempel. Er steht bei der Stelle, an der Buddha über die Ausschweifungen des Lebens meditiert haben soll und seine Lehre über einen ausgeglichenen Umgang mit der Welt formulierte. Der Baum, der dort wächst, soll ein Ableger des Baumes sein, unter dem Buddha saß und meditierte, als er erleuchtet wurde, und von wo aus er dann aufbrach, um sein Leben als Prediger zu beginnen. In Indien, dem Ursprungsland des Buddhismus, ist nicht einmal mehr ein Prozent der Bevölkerung buddhistisch. Doch besuchen jährlich Hunderttausende Buddhisten die durch Buddha geheiligten Orte. Sie erleben die Aura der Meditation und die Schöpfungen indisch-buddhistischer Kunst.

Madhya Pradesh

Madhya Pradesh ist der größte Bundesstaat Indiens und geografisch das Herzstück des Landes. Madhya Pradesh: Mittelland. Der überwiegende Teil ist ein Hochplateau, das im Sommer sehr trocken und heiß sein kann. Dennoch gibt es viel Wald und eine vielfältige Tierwelt. In den Nationalparks Kanha und Bandhavgarh sind die Chancen groß, Tiger beobachten zu können.

Wahrscheinlich haben in Madhya Pradesh schon vor 12000 Jahren Menschen gelebt, wie die Höhlenmalereien in Bhimbetka nahe der Hauptstadt Bhopal vermuten lassen. Dennoch lässt sich die Geschichte nur bis zum dritten Jahrhundert zurückverfolgen, als Kaiser Ashoka das Reich kontrollierte. Unzählige Städte und Tempel von einzigartiger Schönheit entstanden seither. Architektonische Juwelen wie in Gwalior, Sonagiri, Datia oder Orcha.

Weitab von allem liegt das Dorf Khajuraho. Es fällt schwer, sich hier die einstige Hauptstadt vorzustellen, vierhundert Jahre lang eines der bedeutendsten kulturellen Zentren Indiens, Sitz der Chandella-Dynastie, deren Reich von Punjab bis Bengal reichte. Khajuraho könnte ein ruhiges, unscheinbares Dorf mit 8000 Einwohnern sein, wären da nicht die Tempel mit ihrer besonderen Tempel-Erotik, und hätte sich nicht das gesamte Dorf dem Tourismus verschrieben. Die Tempel lagen damals im Wasser, was angesichts der Eleganz der Bauten überwältigend schön gewirkt haben muss. Die Pilger suchten die Tempel mit Booten auf und im Hintergrund erhoben sich die Hügel, aus denen die Steinblöcke gehauen worden waren.

Der reiche Skulpturenschmuck der 22 erhaltenen Heiligtümer ist das Werk einer besonderen mittelalterlichen Bildhauerschule. In Speckstein verewigt sind nicht nur Paare beim Liebesspiel, sondern auch die Lehren des Kamasutra. Die Tempel entlarven die Gelüste des Menschen. Aber nur auf der unteren Tempelebene. Je höher das Auge steigt, desto mehr ist der Geist erhöht worden. Auf der obersten Ebene ist das Göttliche mit Himmelsnymphen, Göttern und Göttinnen – so weit oben allerdings, dass der Mensch kaum hingelangt, egal wie sehr er sich streckt.

Völlig andere Geschichten werden auf dem steinernen Skulpturenschmuck in Sanchi, einem der ältesten buddhistischen Heiligtümer, erzählt: altindische Sagen verflochten mit Episoden aus dem Alltagsleben. Aber auch Begebenheiten aus dem Leben und den früheren Existenzen Buddhas. Ein steinernes Bilderbuch mit Geschichten aus Dichtung und Wahrheit aus dem ersten Jahrhundert vor Christus. Dieses älteste noch existierende Buddha-Heiligtum des Subkontinents wurde erst 1818 wiederentdeckt, davor hatte es Jahrhunderte unter dichter Buschvegetation geruht.

Uttar Pradesh

Uttar Pradesh ist nicht nur der bevölkerungsreichste Staat Indiens, Uttar Pradesh spielt auch eine zentrale Rolle bei den Hindus. Vier der heiligsten Stätten ihrer Religion liegen hier, darunter Varanasi, die heiligste von allen. Uttar Pradesh ist aber auch für den Buddhismus von großer Bedeutung, denn es war in Sarnath nicht weit von Varanasi, wo Buddha die erste Predigt hielt.

Der größte Teil des Staates besteht aus der Ganges-Ebene, einem fruchtbaren Gebiet, das völlig flach ist und während der Monsunzeiten oft überflutet wird. Hier drängen sich die meisten Menschen, häufig sind es einfache Bauern. Im malerischen Nordwesten, in den Vorbergen des Himalajas, liegen dagegen viele Hill Stations, Bergerholungsorte für Betuchtere, denen es vermutlich egal ist, dass man in Uttar Pradesh bei Unterkünften mit einem Aufschlag von fünf Prozent Luxussteuer zu rechnen hat.

Alle großen Epochen und Herrscher haben in Uttar Pradesh ihre architektonischen Spuren hinterlassen. Nicht nur in Varanasi, Sarnath oder in Agra mit dem Taj Mahal, auch in Fatehpur Sikri oder in Rishikesh, der Hauptstadt des Yoga.

„Der Palast wirkt selbst am hellen Tag noch wie ein Palast, der in unruhigen Träumen erbaut wurde – ein Werk von Kobolden und nicht von Menschen", schrieb einst Rudyard Kipling. So wie das Taj Mahal, das berühmteste Bauwerk Indiens. Auf dem Höhepunkt seiner Macht brach Shah Jahan 1630 zu einem weiteren Kriegszug auf. Seine schwangere Frau begleitete ihn. Doch kurz nach der Geburt ihres 14. Kindes starb Mumtaz Mahal, die „Auserwählte des Palastes". Inniggeliebte Gattin und Beraterin in politischen Angelegenheiten. In Sichtweite des Roten Forts ließ er den „zu Stein gewordenen Seufzer" in klassischer Mogul-Archi-

tektur erbauen. Das Taj Mahal. Das Grabmal. Das Denkmal. „Ich habe nicht vergessen, ich habe nicht vergessen, meine Geliebte!" In 22 Jahren gelang es 20000 Arbeitern, „eine Träne auf das Gesicht der Ewigkeit" zu zaubern. Und wohl auch Tränen in die Augen der kaiserlichen Buchhalter und Schatzmeister, denn der Bau brachte das Reich an den Rand des Bankrotts. Mit Blick auf das Taj Mahal verbrachte Shah Jahan dann auch seine letzten acht Lebensjahre, allerdings im Gefängnis. Einer seiner Söhne stürzte den verschwenderischen Herrscher. Das Taj Mahal schlägt jeden Betrachter in seinen Bann. Doch um das Grabmal erstreckt sich ein Moloch mit stinkenden Straßen, offener Kanalisation und herumstreunenden Schweinen. Begeisterung mischt sich mit Abscheu und Verzweiflung. Indien pur.

Ein imposantes Monument der Macht und der Ohnmacht ist Fatehpur Sikri. Einst Hauptstadt des Großmoguls Akbar, nach 15 Jahren dann Geisterstadt. Macht – Ohnmacht im 16. Jahrhundert. Glaubt man der Legende, kam Akbar ins Dorf Sikri, um den auf einem Felsen lebenden Heiligen Shaikh Salim Chishti um die Geburt eines Sohnes zu bitten. Als sein Wunsch in Erfüllung gegangen war, erkor er die Einsiedelei zum Standort seiner neuen Hauptstadt. Die Arbeiten begannen erst einmal mit dem Bau der zehn Kilometer langen Stadtmauer. Die Moschee für 10000 Gläubige wurde auf dem höchsten Punkt des Felsens errichtet. Fatehpur Sikri, die Stadt des Sieges, entstand. Eine feingliedrige Silhouette aus Kuppeln, Pavillons und Arkaden. Nur der „Schatten Gottes auf dieser Welt", wie sich Akhbar nannte, durfte durch das Hauptportal eintreten. Zum Schutz gegen den Monsunregen wurden die auf verschieden hohen Terrassen erbauten Paläste mit überdachten Gängen verbunden. Ebenso abrupt, wie die Geschichte der Stadt begonnen hatte, endete sie. Akhbar war für mehrere Jahre auf Feldzügen, außerdem war die Wasserversorgung problematisch, darum verließ der Hofstaat die Stadt und siedelte sich in Lahore, im heutigen Pakistan an. Doch noch heute pilgern indische Frauen in die verlassene Stadt, um dort um einen männlichen Nachkommen zu bitten.

Heute ist Lucknow die Hauptstadt Uttar Pradeshs. Im 18. Jahrhundert erlebte Lucknow eine Blütezeit, die sich in Grab- Tempel- und Palastbauten zeigte. Seither hat Lucknow den Ruf als Stadt der Kultur und der feinen Lebensart. Glaubt man historischen Berichten, so war der Bau des Mausoleums für den Herrscher Asaf-ud-Daula die Rettung von 25000 Menschen. Nach mehreren Dürren ließ er die Arbeiter zehn Jahre lang an seinem Grabmal Bara Imambara arbeiten, um sie in Lohn und Brot zu bringen.

Im Jahr 1856 besetzten die Briten die Stadt und schickten den herrschenden Wajid Ali Shah ins Exil. Daraufhin meuterten die Inder, vier lange Monate kam es zu erbitterten Kämpfen. Vier Monate suchten 3000 britische Zivilisten vor Kanonen- und Gewehrbeschuss Unterschlupf in der britischen Residenz, die von einer hohen Festungsmauer umschlossen war. Ein verzweifelter und auswegloser Kampf um Unabhängigkeit gegen die britischen Besatzungstruppen.

Die Stadt Varanasi hingegen ist der Mittelpunkt des Kosmos. Die Stadt von Shiva am Ufer des heiligen Ganges. Eine der ältesten, kontinuierlich besiedelten Städte der Welt. Zentrum des Lernens und der Zivilisation. Hier hat Buddha gelehrt, hier geben Yogis Unterricht in Atemtechniken. Während das Bewusstsein auf das Ein- und Ausatmen konzentriert wird, drangsalieren Hupen, Klingeln und Lautsprecher all jene, die noch nicht die Treppe der Entrückung nach oben gestiegen sind. Nach Varanasi kommen hinduistische Pilger, um ein Bad im trüben Wasser des Ganges zu nehmen. Ein Ritual, das all ihre Sünden abwaschen soll. Sie benetzen Stirn und Brust, übergießen sich mit Wasser aus goldglänzenden Messingschalen und lassen auf Blättern winzige Öllämpchen schwimmen. Nach Varanasi kommt man auch zum Sterben, denn die Erlösung ist jedem verheißen, der am Ganges stirbt. Freude am Leben und Trauer über den Tod sind hier enge Nachbarn. Da ist das Spiel des Lichts, frühmorgens, wenn über dem Ganges die Sonne aufgeht, die altersmürben Fassaden der Paläste und Pilgerhäuser in honiggelbes Licht tauchen und Scharen von Pilgern auf den Ghats, den Tempelstufen am Westufer, beten. Da sind die Leichenverbrennungen am Jalashayin und Manikarnika Ghat. Schwarzer, fetter, stinkender Rauch. Varanasi ist eine magische Stadt mit eigentümlichem Reiz: die Feuer, der Rauch, der über den Fluss zieht, in dem sich mühsam der bleiche Mond spiegelt.

Architectural jewels, the struggle for independence and a city full of magic

Gifted artists, who hundreds of years ago created buildings, sculptures and wall reliefs of everlasting beauty, spirituality, delusions of grandeur, extravagance, dusty plains, holy rivers. Vultures that ride the thermals to carry them onto the domes of a temple in Orcha. The hammering and sawing of the craftsmen in the market. The showplace of Rudyard Kipling's "Jungle Book", the architectural elegance of the Taj Mahal. Erotic stone figures and con-men who pretend to act as guides in Khajuraho, Neolithic rock paintings in the over 700 stone grottos at Bhimbetka south of Bhopal, yoga courses and enlightenment. Millet, tobacco, rice. This is a part of central India, the states of Bihar, Madhya Pradesh and Uttar Pradesh.

Bihar

Whole families toil in brick factories. The clay-red sweat streams down their faces. A man laboriously pushes an ancient bicycle, which is loaded down with 100 kg of coal. In an upturned umbrella, a few chilli peppers are set out to dry in the sun. In Bihar, the huts of the people are smaller than anywhere else in India, just like the literacy rate, while the misery and the corruption are all the greater. Bihar, with its population of around 104 million people, is one of the poorest states of India.

But there is also Bodh Gaya, the place of enlightenment. The small town where once Siddharta Gautama, sitting under a poplar fig, the Bodhi tree, attained enlightenment. Where Siddhartha Gautama became Buddha, the Enlightened One. Bodh Gaya is the most important destination for Buddhist pilgrims in the world. At its centre stands the Mahabodhi Temple. This stands at the spot where Buddha is said to have meditated about the excesses of life, and formulated his teachings on a balanced co-existence with the world. The tree which grows here is supposed to be an offshoot of the very tree under which Buddha sat and meditated when he became enlightened, and from where he then set off to begin his life as a preacher. In India, the country of origin of Buddhism, not even 1% of the population are Buddhists any longer. Yet hundreds of thousands of Buddhists still visit the places made sacred by Buddha every year. They experience the aura of meditation and the creations of Indo-Buddhist art.

Madhya Pradesh

Madhya Pradesh is the largest state of India, and geographically the heart of the country. Madhya Pradesh: the middle country. The major part of the state consists of a high plateau, which can be very dry and hot in summer. Still there is plenty of forest and wildlife. In the National Parks of Kanha and Bandhavgarh, the chances are good of being able to observe tigers.

Madhya Pradesh was probably inhabited by people as long as 12,000 years ago, as indicated by the cave paintings in Bhimbetka near the capital of Bhopal. Local history however can only be traced back as far as the 3rd century, when the empire was under the control of Emperor Ashoka. Innumerable towns and temples of unique beauty have been created since then. Architectural jewels, such as those in Gwalior, Sonagiri, Datia or Orcha.

Remote from all else lies the village of Khajuraho. It is difficult to imagine that this was once the capital, for four centuries one of the most important cultural centres of India, and the seat of the Chandella Dynasty, whose domain extended from Punjab to Bengal. Khajuraho could be a peaceful, inconspicuous village of 8,000 inhabitants, were it not for the temples with their particular temple erotica, and if the whole village had not opened itself up to tourism. The temples at that time stood in the water, which in view of the elegance of the buildings must have been a breathtaking sight to see. The pilgrims visited the temples by boat, while in the background rose the hills from which the stone blocks had been quarried.

The rich sculptural decoration of the 22 preserved shrines is the work of a particular mediaeval school of sculptors. Here, immortalised in soapstone, are not only couples engaged in loveplay, but also the teachings of the Kama Sutra. The temples reveal the carnal desires of man, although only on the lower temple level. The higher the gaze rises, the more the spirit is elevated. At

the highest level is the Divine, with heavenly nymphs, gods and goddesses – so high however that man can hardly reach them, no matter how far he stretches out his hand.

Completely different stories are recounted on the stone sculpture decorations in Sanchi, one of the oldest Buddhist shrines: ancient Indian sagas interwoven with episodes from daily life. But also events from the life and the earlier incarnations of Buddha. A stone picture-book with stories of poetry and truth from the 1st century BC. This oldest still existing Buddha shrine of the sub-continent was only rediscovered in 1818, having lain hidden for centuries under dense bush vegetation.

Uttar Pradesh

Uttar Pradesh is not only the most populous state of India, Uttar Pradesh also plays a central role for the Hindus. Four of the holiest places of their religion lie here, including Varanasi, the most sacred of all. Uttar Pradesh is however also of great significance for Buddhists, for it was in Sarnath, not far from Varanasi, where Buddha delivered his first sermon.

The major part of the state consists of the Ganges plain, a fertile area, which is completely flat, and is often flooded during the monsoon season. Here the people are crowded together, most of them simple farmers. In the picturesque north-west on the other hand, in the foothills of the Himalayas, there are many hill stations, mountain resorts for the well-heeled, who probably do not mind paying the surcharge of 5% luxury tax for accommodation in Uttar Pradesh.

All the great eras and rulers have left behind their architectural bequests in Uttar Pradesh. Not only in Varanasi, Sarnath or in Agra with the Taj Mahal, but also in Fatehpur Sikri or in Rishikesh, the capital city of yoga.

"Even in broad daylight, the palace looks like a palace which was built during a nightmare – the work of goblins, and not of people", once wrote Rudyard Kipling. Like the Taj Mahal, the most famous building in India. At the height of his power in 1630, Shah Jahan set out on another campaign of conquest. His pregnant wife accompanied him. But shortly after the birth of her 14th child, Mumtaz Mahal, the "Chosen One of the Palace", died. A dearly-beloved wife and counsellor in political matters. Within sight of the Red Fort, he ordered the construction of the "Sigh of Stone" in the classical Mogul style. The Taj Mahal. The mausoleum. The monument. "I have not forgotten, I have not forgotten, my love!" Over 22 years, 20,000 labourers succeeded in creating "a tear on the face of eternity". And most probably also bringing tears to the eyes of the royal bookkeepers and treasurers, for its construction brought the kingdom to the brink of bankruptcy. Shah Jahan also spent the last eight years of his life in sight of the Taj Mahal, although this time through prison bars. The wasteful ruler was deposed by one of his sons. The Taj Mahal casts its spell over every observer. Yet around the mausoleum stretches a moloch of stinking streets, open sewers and foraging pigs. Inspiration mixed with revulsion and despair. The essence of India.

One imposing monument to power and powerlessness is Fatehpur Sikri. Once the capital of the Grand Mogul Akhbar, but 15 years later a ghost-town. From power to powerlessness in the 16th century. According to legend, Akhbar came to the village of Sikri to beg the holy man Shaikh Salim Chishti, who lived on a rock nearby, for the birth of a son. When his wish was fulfilled, he chose the hermitage as the location for his new capital. The work began with the construction of the 10-km long city wall. The mosque for 10,000 worshippers was constructed on the highest point of the rock. Fatehpur Sikri, the City of Victory, was created. A graceful silhouette of domes, pavilions and arcades. Only the "Shadow of God on Earth", as Akhbar called himself, was allowed to enter through the main gate. For protection against the monsoon rains, the palaces built on the different levels of terraces were connected by roofed gangways. The history of the city came to an end as abruptly as it had begun. Akhbar was absent for many years on his campaigns, and the water supply was also a problem, so the court left the city and moved to Lahore, in modern-day Pakistan. Today however, Indian women still make the pilgrimage to the abandoned city in order to prey for a male child.

Lucknow is today the capital of Uttar Pradesh. Lucknow blossomed in the 18th century, as reflected in the many tomb, temple and palace buildings. Since then, Lucknow has gained a reputation as a city of culture and fine living. If one is to believe the historical reports, the construction of the mausoleum for the ruler Asaf-ud-Daula became the salvation of 25,000 people. After several droughts, he had the workers continue for ten years with the construction of his mausoleum Bara Imambara, in order to keep them in wages and food.

In the year 1856, the British occupied the city, and sent the ruling Wajid Ali Shah into exile. As a result, the Indians mutinied, and four months of bitter fighting ensued. For four months, 3,000 British civilians sought refuge from cannon and rifle fire in the British Residence, which was surrounded by a high fortress wall. A desperate and hopeless struggle against the British occupation troops.

The city of Varanasi on the other hand is the centre of the cosmos. The city of Shiva on the banks of the sacred Ganges. One of the oldest continually settled cities in the world. A centre of learning and civilisation. Buddha taught here, and here yogis give instruction on breathing techniques. While the consciousness is concentrated on breathing in and out, horns, bells and loudspeakers disturb all those who have not yet ascended the stairway of rapture. Hindu pilgrims come to Varanasi to bathe in the murky waters of the Ganges. A ritual which is supposed to wash away all their sins. They splash their forehead and chest, pour water over themselves from polished brass bowls, and send tiny oil lamps floating out onto the river on leaves. People also come to Varanasi to die, for redemption is promised to all those who die by the Ganges. Joy of life and sadness at death are next-door neighbours here. The play of light in the early morning, when the sun rises over the Ganges, bathing the crumbling façades of the palaces and pilgrims' houses in honey-yellow light, while crowds of pilgrims pray on the Ghats, the temple steps on the western bank. The cremation of corpses on the Jalashayin and Manikarnika Ghat. Black, greasy, stinking smoke. Varanasi is a magical city with its own strange charm: the fire, the smoke drifting over the river, grudgingly reflecting the pale moonlight.

Bodh Gaya. Auf tibetischen Gebetsfahnen sind Gebete, heilige Zeichen und Symbole abgedruckt, die allen Lebewesen Schutz und Segen bringen sollen. Sie werden als Zeichen treuer Freundschaft verschenkt und sind beliebte Geschenke zu Hochzeiten und Geburten.

Bodh Gaya. The Tibetan prayer flags are printed with prayers, sacred signs and symbols which are intended to bring protection and blessing to all living things. They are given as signs of true friendship, and are popular gifts at weddings and births.

Der weltweit heiligste Ort für Buddhisten ist Bodh Gaya, die Stelle, an der der Prinzensohn Siddharta Gautama nach siebentägigem Meditieren unter einem Bodhi-Baum vollkommene Einsicht in das Gesetz des Lebens und damit „bodhi" (die Erleuchtung) erlangt haben soll. Tibetanische Mönche beten im Schatten eines Bodhi-Baums.

The most sacred place in the world for Buddhists is Bodh Gaya, the spot at which the prince's son Siddharta Gautama, after seven days meditation under a Bodhi tree, is supposed to have gained full insight into the law of life, and therefore attained "bodhi" (enlightenment). Tibetan monks pray in the shade of a Bodhi tree.

Mahabodhi-Tempel in Bodh Gaya. Der ursprüngliche Tempel war ein runder Stupa aus dem 3. Jahrhundert v. Chr., später bekam der Tempel seine heutige Form. 2002 wurde Bodh Gaya in die Liste des Weltkulturerbes der UNESCO aufgenommen.

Mahabodhi Temple in Bodh Gaya. The original temple was a round stupa from the 3rd century BC, and the temple only took on its present form at a later date. In 2002, Bodh Gaya was added to the list of UNESCO world cultural heritage sites.

Im Hauptraum des Mahabodhi-Tempels befindet sich die aus dem 10. Jahrhundert stammende vergoldete Statue des meditierenden Buddhas.

In the central room of the Mahabodhi Temple stands the gilded statue of the meditating Buddha, dating from the 10th century.

Buntes Pulver zum Einfärben auf dem Marktplatz von Datia.

Bright powder-paint for dyeing in the marketplace of Datia.

Der Govind Mandir Palast von Raja Bir Singh Dev in Datia – im Jahr 1614 ausschließlich aus Stein und Ziegeln erbaut – gilt als eines der schönsten Beispiele der Bundela-Architektur.

The Govind Mandir Palace of Raja Bir Singh Dev in Datia – build exclusively of stone and brick in the year 1614 – is considered one of the most beautiful examples of Bundela architecture.

Eine der spektakulärsten Bergfestungen Indiens mit ihrem gewaltigen, auf einem Tafelberg gelegenen Fort, überragt Gwalior, die größte Stadt im Norden Madhya Pradeshs. Der Man Mandir Palast, auch »geschmückter Palast« genannt, glänzt mit seinen herausragenden Steinarbeiten und gilt als Glanzstück der Rajputen-Architektur. Die mächtigen Türme und Wehre umschließen sechs Paläste und drei Tempel.

One of the most spectacular mountain fortresses in India, with its formidable fort standing on a table mountain, dominates Gwalior, the largest city in the north of Madhya Pradesh. The Man Mandir Palace, also known as the "decorated Palace", shines with its outstanding stonework, and is considered a masterpiece of Rajput architecture. The mighty towers and fortifications surround six palaces and three temples.

Die berühmte erotische Kunst des Parshvanatha-Tempels in Khajuraho. Hindus glauben, dass der Liebesakt die höchstmögliche spirituelle Erfahrung ausdrückt, da es neben der körperlichen auch zu einer seelischen Vereinigung kommen soll. Die Stadt ist ein Weltkulturerbe der UNESCO und erlebte zwischen dem 9. und 10. Jahrhundert eine unvergleichliche Blütezeit der Architektur.

The famous erotic art of the Parshvanatha Temple in Khajuraho. Hindus believe that the act of love expresses the highest possible spiritual experience, since it is supposed to create both a physical and a spiritual union. The city is a UNESCO world cultural heritage site and experienced an incomparable blossoming of architecture between the 9th and 10th centuries.

Der Kandariya-Mahadev-Tempel ist wahrscheinlich der architektonisch schönste und wegen seiner erotischen Figurendarstellung bekannt geworden. Vor 100 Jahren haben britische Reiseführer von dem Besuch des Tempels aufgrund der realitätsnahen, erotischen Verzierungen abgeraten, da sie "Unschicklichkeit" befürchteten.

The Kandariya-Mahadev Temple is perhaps the most beautiful architecturally, and became known for its erotic figurines. 100 years ago, British travel guides advised against visiting the temple because of the realistic, erotic decorations, since they feared these would be thought "indecent".

Der Jahangir-Palast in Orcha. Dieser prächtige Palast wurde vom berühmtesten Herrscher von Orcha zur Erinnerung an den Besuch des Mogulkaisers Jahangir im 17. Jahrhundert erbaut.

The Jahangir Palace in Orcha. This magnificent palace was built by the most famous ruler of Orcha in memory of the visit of the Mogul Emperor Jahangir in the 17th century.

Kenotaphe der Bundela-Herrscher. Jedes Chhatri markiert den Verbrennungsort eines der Herrscher von Orcha. Die Erbauer Orchas, die Bundela-Dynastie, hinterließ zahlreiche Paläste, Pavillons, Tempel, Mauern und Tore, die mit der Stadt durch einen Damm verbunden sind. Außerhalb der mittelalterlich wirkenden Altstadt liegen am Fluss Betwa vierzehn schöne Kenotaphe der Gründer der Stadt, die Bundela-Rajputen. In dem Baustil der Chhatris der verstorbenen Könige mischen sich hinduistische und indoislamische Formen mit ornamentalen mogulzeitlichen Elementen.

Cenotaphs of the Bundela rulers. Every chhatri marks were one of the rulers of Orcha was cremated. The builders of Orcha, the Bundela Dynasty, left behind them many palaces, pavilions, temples, walls and gates, which are connected to the city by a causeway. Outside the mediaeval-looking old town on the Betwa river stand 14 beautiful cenotaphs of the founders of the city, the Bundela Rajputs. The building style of the chhatris of the dead kings is a mixture of Hindu and Indo-Islamic forms, with ornamental elements from the Mogul era.

Eines der ältesten religiösen Bauwerke Indiens und das besterhaltene buddhistische Monument ist der große Stupa von Sanchi. Über 1000 Jahre bis zum 12. Jahrhundert war Sanchi eines der wichtigsten Pilgerzentren. Der große Stupa und die umliegenden Tempelanlagen von Sanchi werden seit 1989 von der UNESCO auf der Liste des Weltkulturerbes geführt.

One of the oldest religious structures in India, and the best-preserved Buddhist monument, is the Great Stupa of Sanchi. For over 1,000 years up to the 12th century, Sanchi was one of the most important centres of pilgrimage. The Great Stupa and the surrounding temple complexes have been on the UNESCO list of world cultural heritage sites since 1989.

Ein außergewöhnliches Jain-Pilgerzentrum aus dem 16. und 17. Jahrhundert erstreckt sich unentdeckt abseits der Verkehrsverbindungen zwischen Gwalior und Datia auf einer Hügelkette in Sonagiri. Die im glänzenden Weiß erstrahlenden Tempel sind bei den Digambaras, die hier Selbstdisziplin und Sparsamkeit praktizieren und Erlösung suchen, ein beliebtes Ziel.

An unusual Jain pilgrimage centre from the 16th and 17th centuries extends undiscovered aside from the traffic routes between Gwalior and Datia on a chain of hills in Sonagiri. The gleaming white temples are a popular destination for the Digambaras, who here practice self-discipline and frugality, and seek redemption.

Das weltberühmte Taj Mahal in Agra. Das Mausoleum der Kaiserin Mumtaz Mahal, die im Alter von 38 Jahren bei der Geburt ihres 14. Kindes starb, besteht aus weißem Marmor. Der Kuppelbau, der von vier schlanken Minaretten umgeben ist, wird entlang des Flussufers von zwei roten Moscheebauten eingerahmt. 20000 Arbeiter benötigten 22 Jahre, um das Bauwerk zu vollenden.

The world-famous Taj Mahal in Agra. The mausoleum of the Empress Mumtaz Mahal, who died at the age of 38 giving birth to her 14th child, is constructed of white marble. The dome, which is surrounded by four slim minarets, is framed along the riverbank by two red mosque buildings. It took 20,000 labourers 22 years to complete the structure.

Palastanlage und Marmormausoleum von Shaikh Salim Chisti. Fatehpur Sikri war die erste Stadtgründung der Moguldynastie mit prächtigen Palästen und der im 16. Jahrhundert größten Moschee Indiens.

Palace complex and marble mausoleum of Shaikh Salim Chisti. Fatehpur Sikri was the first city foundation of the Mogul Dynasty, with magnificent palaces, and the largest mosque in India in the 16th century.

Straßenverkehrsszene in Lucknow.

Traffic scene in Lucknow.

Chhota Imambara, der „Palast der Lichter", und eine Miniaturausgabe des Taj Mahal in Lucknow. Der Chhota Imambara ist ein Kuppelbau mit vielen Türmchen und einem goldenen Dach. Das Mausoleum ist aufwendig mit Kronleuchtern und vergoldeten Spiegeln dekoriert.

Chhota Imambara, the "Palace of Lights", and a miniature version of the Taj Mahal in Lucknow. The Chhota Imambara is a domed construction with many small towers and a golden roof. The mausoleum is sumptuously decorated with chandeliers and gilded mirrors.

Der Bara Imambara-Komplex aus dem späten 18. Jahrhundert mit einem der größten freitragenden Räume der Erde. Die Minarette der Asafi-Moschee zeugen von der beeindruckenden Bautätigkeit der Nawabs von Lucknow.

The Bara Imambara complex from the late 18th century, with one of the largest self-supporting rooms in the world. The minarets of the Asafi Mosque testify to the impressive building activity of the Nawabs of Lucknow.

Das Mausoleum von Kaiser Akbar in Sikandra. Die außergewöhnliche Konstruktion des Mausoleums mit islamischen und hinduistischen Stilelementen zeigt die für Akbar charakteristische Toleranz gegenüber anderen Religionen.

The mausoleum of Emperor Akbar in Sikandra. The unusual construction of the mausoleum with Islamic and Hindu stylistic elements demonstrates the tolerance towards other religions which was characteristic of Akbar.

Gläubige an den Ufertreppen von Varanasi am Ganges. Für die Hindus ist Varanasi die heiligste der heiligen sieben Städte. Auch den Buddhisten ist Varanasi heilig, da Buddha vor 2500 Jahren in dem nahe gelegenen Sarnath seine erste Predigt gehalten hat.

Believers on the ghats of Varanasi on the Ganges. For the Hindus, Varanasi is the holiest of the seven holy cities. Varanasi is also sacred to the Buddhists, since Buddha first preached in nearby Sarnath 2,500 years ago.

Beim Morgengebet werden Öllampen entzündet. Die Flussgöttin Ganga wird besonders bei Sonnenaufgang und Sonnenuntergang verehrt.

Oil lamps are lit at morning prayer. The river goddess Ganga is worshipped particularly at sunrise and sunset.

Zum Republic Day am 26. Januar, dem Tag, an dem die Verfassung in Kraft getreten ist, finden im ganzen Land Paraden statt. Die Göttin Durga (links) symbolisiert die positive Energie. Die Gattin des Gottes Shiva wird als allmächtige Siegerin des Guten über das Böse verehrt. Ein junges Mädchen (rechts) repräsentiert eine Göttin und wird von der Bevölkerung verehrt.

On Republic Day on 26th January, the day on which the Constitution came into effect, parades are held throughout the country. The goddess Durga (left) symbolises positive energy. The wife of the god Shiva is revered as the omnipotent victress of Good over Evil. A young girl (right) represents the goddess, and is worshipped by the crowd.

Am heiligen Ganges ist um einen Baum eine Sammlung von Gottheiten wie Shiva, Hanuman und ein Radha-Krishna-Paar gruppiert. Die Gläubigen sind aufgefordert, ein Gebetsopfer zu geben.

On the sacred Ganges, a collection of deities such as Shiva, Hanuman and a Radha-Krishna couple are grouped around a tree. Believers are called on to make a prayer offering.

An der heiligen Badestätte Har-Ki-Pauri in Haridwar werfen in der Abenddämmerung Pilger Blumenschmuck mit Lampen und Weihrauch in den Fluss, um der verstorbenen Vorfahren zu gedenken. Während des „Maha Kumbh Mela" ist für Hindus Haridwar die religiöse Hauptstadt Indiens und mehr als 10 Millionen Menschen tauchen in die heilige „Ganga", um Körper, Geist und Seele zu reinigen und alle Sünden abzuwaschen.

At the sacred bathing spot of Har-Ki-Pauri in Haridwar, pilgrims throw wreaths with lamps and incense into the river at twilight in memory of dead ancestors. During the "Maha Kumbh Mela", Haridwar is the religious capital of India for the Hindus, and more than 10 million people immerse themselves in the sacred "Ganga", to purify body, spirit and soul, and to wash away their sins.

Rishikesh, „Yoga Capital of the World", wurde in den 1960er Jahren bekannt, als hier die Beatles in die Welt östlicher Spiritualität eingeführt wurden. Am östlichen Ufer des Ganges stehen zwei in ihrer orange-roten Bemalung weithin sichtbare elf- bzw. dreizehngeschossige Tempel.

Rishikesh, "the Yoga Capital of the world", became known in the 1960's, when the Beatles were here introduced to the world of eastern spirituality. On the eastern bank of the Ganges, visible from afar in their orange-red painting, stand two temples of eleven and thirteen storeys.

HOTEL HILL TOP
GANGA BEACH CAFE AND RESTAURANT

Der Südwesten

Wiege der indischen Tempelarchitektur

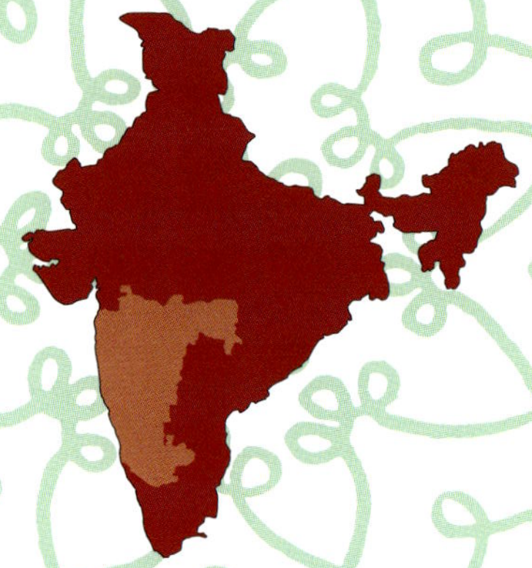

The South-West

The cradle of Indian temple architecture

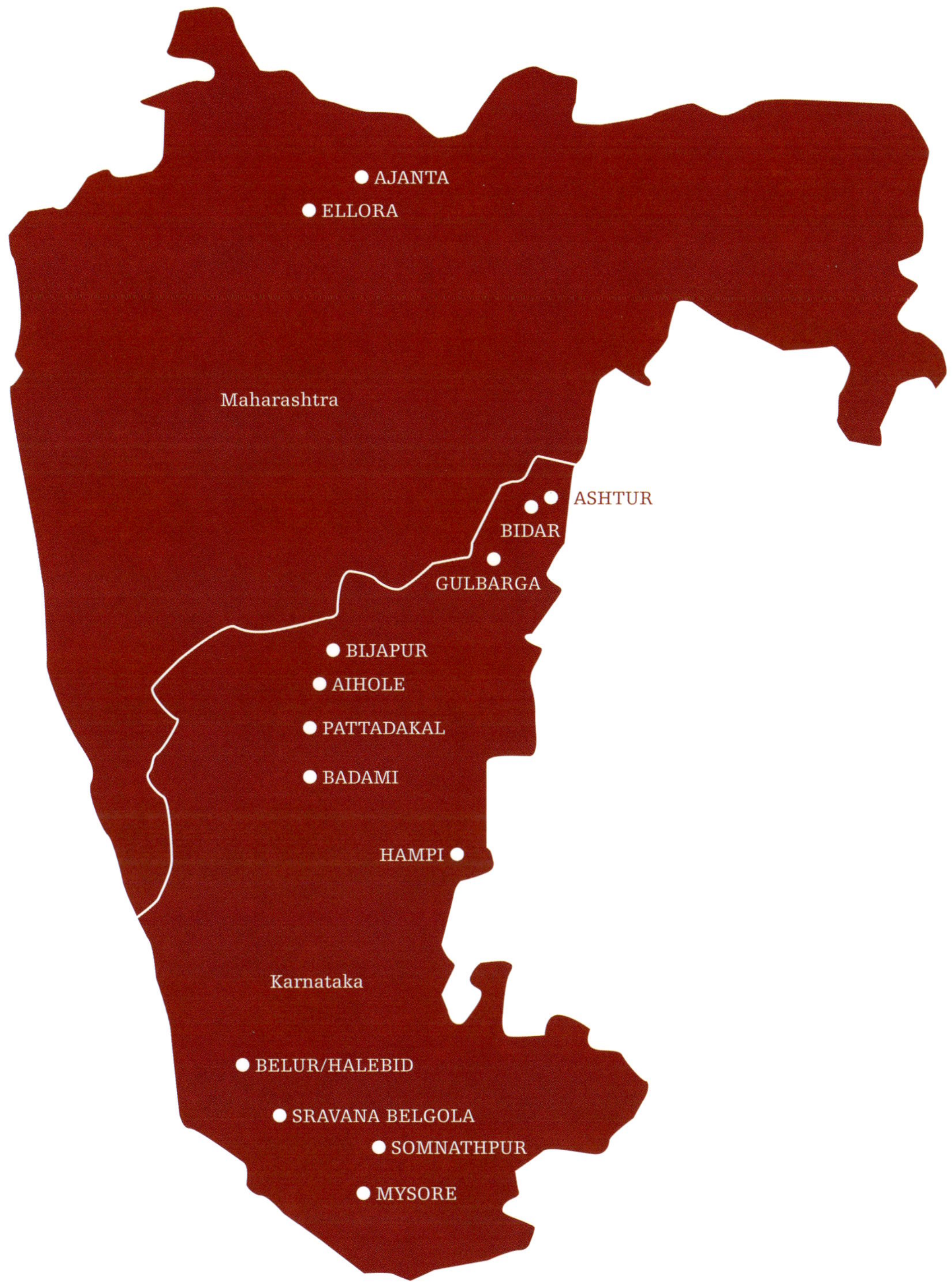
AJANTA
ELLORA
Maharashtra
ASHTUR
BIDAR
GULBARGA
BIJAPUR
AIHOLE
PATTADAKAL
BADAMI
HAMPI
Karnataka
BELUR/HALEBID
SRAVANA BELGOLA
SOMNATHPUR
MYSORE

Wiege der indischen Tempelarchitektur

Die Bundesstaaten Maharashtra und Karnataka bilden den Südwesten Indiens mit Mumbai, der Finanzhauptstadt der Nation und Bangalore, der indischen Computerhauptstadt. Maharashtra, wo die Western Ghats, die grüne Bergkette, parallel zur Küste verlaufen. Wo der Rest des Staates auf einem Hochplateau liegt. Wo es Höhlentempel gibt und die Ashrams in Pune, wo der nach Unabhängigkeit strebende Gandhi von den Briten zwei Jahre interniert wurde. Der heutige Bundesstaat mit Mumbai als Hauptstadt entstand 1960, als die Marathi und Gujarati sprechenden Gebiete voneinander getrennt wurden.

Karnataka kann mit einer ausgewogenen Mischung aus Naturschönheiten und historischer Architektur aufwarten. Gleichzeitig ist es ein idealer Platz zum Gedeihen von Kaffee und Gewürzen. Und zur Seidenherstellung. Den Kontrast zur Landwirtschaft bietet Bangalore, das indische Silicon Valley, ein Zentrum der Wissenschaft und Technologie und eine der am schnellsten wachsenden Städte in ganz Asien.

Maharashtra

Mumbai ist mehr als eine Stadt, Mumbai ist ein überbordender Lebensraum. Die lebendigste und vielfältigste Metropole Indiens. Wahrscheinlich die typischste Stadt des Subkontinents, denn keine andere enthält so sehr, was so stark zu Indiens Wesensart gehört: die Vielfalt. Glanz und Elend, prachtvolle Villen und erbärmlich stinkende Slums liegen auf Tuchfühlung nebeneinander. Ein Häusermeer, das gegen die Arabische See brandet und zum Festland hin uferlos scheint. Jeden Tag wächst es weiter, kommen neue Menschen hinzu, rücken sie enger zusammen. Sind es 21 Millionen? Oder 22 oder 23 Millionen Menschen? Niemand kann es genau sagen. Nur soviel ist sicher: Mumbai gehört zu einer der dichtbesiedelsten Städte der Erde. Der Aufstieg vom unbedeutenden Fischerdorf zwischen Kokospalmen und malariaträchtigen Sümpfen zum Finanz-, Handels- und Industriezentrum Indiens erscheint genauso märchenhaft wie einer der unzähligen abendfüllenden Bollywood-Kinofilme, die in den Studios von Mumbai gedreht werden. Größter Flughafen. Umschlagkräftigster Hafen. Eine der weltweit größten Textilindustrien. Ein Drittel der gesamten Einkommensteuer Indiens wird in Mumbai erwirtschaftet. Die Silhouette der kühn in den Himmel ragenden Glas- und Betontürme der Bürogebäude zeugen von wirtschaftlicher Potenz. Gleichzeitig fristen Millionen Menschen ein Leben am Rande des Existenzminimums. Mehr als die Hälfte der Stadtfläche ist Slumgebiet. Lumpige zehn Pfund Jahresgebühr waren der britischen Regierung die sieben moskitoverseuchten Inseln wert, die sie 1668 an die East India Company vermietete. Nur langsam entwickelte sich die kleine Provinz mit dem Namen Bombay Presidency. 1787 wurde das Hauptquartier der East India Company hierher verlegt. Durch ein gewaltiges Landgewinnungsprojekt wurden die sieben Inseln miteinander verbunden. Ihre Schutzgöttin Mumba Devi, Namensgeberin auf Marathi für die spätere Stadt, schien einverstanden zu sein. Fabriken und Werften, Schulen, Bibliotheken und Krankenhäuser, Straßen und Banken wurden gebaut. Nun stand dem Aufstieg Mumbais nichts mehr im Wege. Auch gegenüber der Halbinsel auf dem Festland wuchs die Stadt. Und wächst bis heute.

Vom Jagdfieber gepackt, hatte sich Major John Smith im Jahr 1819 immer tiefer in den Dschungel der Indhyani-Berge gewagt. Erschöpft wollte er schließlich aufgeben und zur Jagdgesellschaft zurückkehren, als sein Blick über das Astgewirr glitt und an einer Felswand hängenblieb. Gleich darauf stand er vor einem aus dem Stein herausgemeißelten, kunstvoll verzierten Portal. Smith brachte keinen Tiger zur Strecke, hatte aber einen der mehr als 30 buddhistischen Felsentempel von Ajanta entdeckt. Verzierte Höhlen, Tempel, Klöster, die aus der Zeit von 200 v. Chr. bis 650 n. Chr. stammen. Die Schönheit der altindischen Höhlenfresken zeigen Legenden aus dem Leben Buddhas, zeigen Szenen aus dem Alltag oder dem Leben bei Hofe. Die lange Isolation Ajantas trug dazu bei, dass viele Malereien erhalten geblieben sind.

Als der Buddhismus in Indien nach und nach unbeliebter wurde, wurden die Höhlen von Ajantas aufgegeben. Auch weil südlich von Ajanta, in Ellora, eine ganze Tempelstadt entstand. Altindischen Steinmetzen gelang damit ein wahres Wunderwerk. Über fünf Jahrhunderte hinweg haben Generationen von Handwerkern Kapellen und Tempel aus einem zwei Kilometer langen Abhang herausgeschlagen und sie mit detailreichen Skulpturen ausgeschmückt.

Das Meisterstück Elloras ist der Kailasa-Tempel. Nie zuvor hatten Steinmetze einen ganzen Tempel – außen wie innen kunstvoll gestaltet – aus dem Gestein eines Berges herausgeschlagen. Schwarz schimmernder Basalt, von Göttern, Dämonen und Fabelwesen bevölkert. Indiens größte frei stehende, monolithische Felsarchitektur. Geweiht dem Gott Shiva. Geweiht dem heiligen Berg Kailash, Shivas Heimat im Himalaja. Für das Bauwerk mussten 200 000 Tonnen Gesteinsschutt weggeschafft werden. Der Tempel entstand in der Regierungszeit von Krishna I. Damals galt der Bau eines Heiligtums als verdienstvolle, fromme Handlung. Kein Herrscher konnte es sich erlauben, dies zu missachten. Schon allein, um die Priesterschaft nicht gegen sich aufzubringen. Buddhistische, hinduistische und jainistische Heiligtümer. Sie zeugen von der Toleranz einer Epoche, die das Nebeneinander von Kultstätten dreier Religionen zuließ. Am späten Nachmittag liegt Ellora im goldenen Glanz.

Karnataka

Karnataka bedeutet „Schwarze Erde" aber auch „Das Land der Kannada sprechenden Menschen". Rund 80 Prozent der Bevölkerung spricht Kannada, der Rest hauptsächlich Urdu und Hindi. Das Land mit seiner mehr als 2000-jährigen dokumentierten Geschichte erlebte einige der großen indischen Dynastien, die Kadambas etwa oder die Chalukyas und die Hoysalas. Sie alle hinterließen ihre architektonischen Zeugnisse: Tempel, Moscheen, Zitadellen, Grabstätten. Bijapur, Gulbarga und Bidar im Norden standen im Einfluss der islamisch geprägten Bahami-Dynastie. In Badami, Aihole und Pattadakal regierten jahrhundertelang die Chalukyas. Ihre Architektur ist eine Mischung aus nord- und südindischen Merkmalen. Doch nichts geht über die Ruinenstadt Hampi. Imposante Palast- und Tempelbauten in der Abgeschiedenheit einer archaischen Landschaft, zwischen großen Granitfelsen und dem Tal des Tungabhadra-Flusses.

Dagegen Verkehrsstau, Handygebimmel, Einkaufszentren, Frauen in Business-Kostümen oder engen Jeans, Fastfood-Restaurants und Diskotheken. Bangalore. Boomtown. Software-Metropole. Wie keine andere symbolisiert die Stadt die rasante Entwicklung vom Agrarstaat zur Hightech-Society. Früher hieß die Stadt Bangalore, 2006 wurde ihr Name in Bengaluru geändert, doch bis heute hält sich der alte Name. Früher war Bangalore, die Stadt auf dem Dekkan-Plateau, wegen ihres milden Klimas und ihrer üppigen Gärten von Rentnern geschätzt. Heute zieht sie internationale Konzerne und IT-Firmen an. Jährlich strömen Tausende indischer Universitäts-Absolventen nach Bangalore, um für internationale Firmen Medikamente zu erforschen, Software zu programmieren, Kredite zu bearbeiten. Oder in Callcentern Auskunft zu geben über die Abfahrtszeiten von Londoner Vorortzügen etwa oder die Preise von Haushaltsgeräten. Je nach Auftraggeber mal mit britischem, mal mit amerikanischem Akzent. Bangalore wächst. Für jeden neu entstehenden Büroturm braucht es Bauarbeiter. Meist holen die Vorarbeiter neue Arbeitskräfte aus verarmten Dörfern. Neue Arbeitskräfte wissen noch nichts von Mindestlöhnen und Arbeiterrechten. Die Arbeiter wohnen auf den Baustellen in Zelten oder in den halbfertigen Gebäuden, ohne Wasser, ohne Strom. Ist der Bau fertig, landen die meisten der Arbeiter in einem der Slums. So ist Bangalore eine Stadt im Aufbruch und eine Stadt in der Krise.

Dagegen ist Mysore mit fast einer Million Einwohnern ein Provinznest mit breiten Alleen, einem farbenprächtigen Blumen- und Gemüsemarkt, mit kleinen Läden statt Einkaufszentren, mit Seide, Sandelholz und Parfum. Und mit dem Palast des Maharadschas: Sinnbild für Verschwendungssucht, geschmackloses Monstrum, der Realität gewordene Traum aus Tausendundeiner Nacht. Beim Palast gehen die Meinungen stark auseinander. 1912 wurde er anstelle des 1897 niedergebrannten Holzpalastes errichtet. Einen Teil des Gebäudekomplexes bewohnt noch die Fürstenfamilie der Wodeyars, die mehr offiziellen Teile des Prunkbaus können jedoch besichtigt werden. Tausende Touristen, vom Ausländer bis zum Bauern aus Karnataka, schieben sich täglich barfüßig über die Marmorböden und bewundern die angehäufte Pracht: die farbigen Glasfenster, die kunstvoll gearbeiteten Säulen, mit Gold ornamentierte Wände, Spiegel, mit Intarsien geschmückte, schwere Edelholztüren, Kristalllüster, kostbare Wandgemälde, Silber und Elfenbein. Ein Märchen aus Tausendundeiner Nacht oder Sinnbild für Verschwendungssucht?

Diese Frage stellten sich die Herrscher von Vijayanagar bestimmt nicht. Sie regierten eine Weltstadt, sie regierten das letzte große Hindu-Reich auf indischem Boden. Vijayanagars Aufstieg beginnt mit zwei Brüdern. Harihara und Bukka waren Schatzmeister. Als muslimische Mogule aus Delhi in ihre Heimat einmarschierten, kamen die Schatzmeister in Gefangenschaft. Im Glauben, sie wären zum Islam konvertiert, schickten die Mogule sie nach Jahren wieder nach Hause. Konvertiert? Weit gefehlt. Sofort sagten sich die Brüder von Delhi los, ließen beim heutigen Hampi Baumwolle anpflanzen, klügelten ein Wassersystem aus, handelten mit Gewürzen und Edelsteinen und wurden reich und reicher. Sie ließen Tempel und Paläste bauen. Den Achyutaraya-Tempel etwa, den Kodanda-Rama-Tempel, den Vitthala-Swami-Tempel, alle mit in Stein gehauenen Frauenschönheiten versehen, uralt, aber alterslos, mit Elefanten, Fabelwesen, Löwen, Göttern – die Kunstfertigkeit der Steinmetze im 16. Jahrhundert war unermesslich. In Gedanken verneigt man sich vor der Vorstellungskraft der Baumeister. Auf 26 Quadratkilometern liegen Paläste, Tempel, Elefantenställe, Bäder, Audienzhallen, Statuen und Wachtürme in einer bizarren Felslandschaft.

Deutlich älter, nämlich aus dem 7. und 8. Jahrhundert, sind die Tempel von Pattadakal, Badami und Aihole. Umgeben von einer Kette roter Sandsteinhügel, mit Klippen und Schluchten liegt Badami, einst Hauptstadt des Chalukya-Reiches, heute mehr Dorf als Stadt. In Badami, im nahegelegenen Pattadakal und auch in Aihole stehen die ältesten drawidischen Tempel und befinden sich die ältesten drawidischen Felsenhöhlen. Pattadakals Heiligtümer sind jedoch die prächtigsten, gelten als Krönung der Chaluka-Sakralkunst. Sie waren Schauplatz der aufwendigen Krönungszeremonien der Herrscher. Mit dem Bau imposanter Tempel versuchten sie ihre uneingeschränkte Macht zu demonstrieren, kein Wunder, sahen sie sich doch als Stellvertreter Gottes auf Erden. Den prächtigsten und größten der 40 Tempel stiftete Königin Lokamahadevi im 8. Jahrhundert, um den Sieg ihres Gemahls über die Pallava-Dynastie gebührend zu würdigen. An diesem Platz, wo viele Herrscher gekrönt wurden, feierten sie ihre Siege in Stein. Nur zehn Jahre nach Fertigstellung der Tempel wurde die Dynastie vom Königshaus der Rashtrakuta gestürzt. Doch die Eroberer zeigten Respekt und Achtung vor der Schönheit der Tempel. Kein Eroberer, egal welcher Religion er angehörte, tastete den heiligen Bezirk Pattadakals oder Badami und Aihole an, sodass auch heute noch Tempelstädte zu sehen sind, die süd- und nordindische Stile miteinander vereinen.

The cradle of Indian temple architecture

The states of Maharashtra and Karnataka make up the south-western part of India with Mumbai, the financial capital of the nation and Bangalore, India's computer capital. Maharashtra, where the Western Ghats, a chain of green mountains, run parallel to the coast. Where the rest of the state lies on a high plateau. Where there are cave temples, and the ashrams in Pune, where Gandhi was interned for two years by the British during his struggle for independence. The present state, with Mumbai as the capital, was created in 1960, when the Marathi- and Gujarati-speaking areas were separated from one another.

Karnataka offers a balanced mixture of natural beauties and historical architecture. It is also an ideal place for coffee and spices to flourish. And for silk production. A contrast with the agriculture is offered by Bangalore, the Indian Silicon Valley, a centre of science and technology, and one of the fastest-growing cities in all of Asia.

Maharashtra

Mumbai is more than just a city, Mumbai is an exuberant living space. The liveliest and most diverse metropolis in India. Perhaps the typical city of the sub-continent, because no other contains so much that belongs so strongly to the essential character of India: the diversity. Splendour and squalor, magnificent villas and wretched, stinking slums lie within an arm's breadth of each other. A sea of houses, that breaks to the west on the Arabian Sea and extends almost endlessly towards the mainland. Every day it continues to grow, more people arrive in the city, and have to squeeze closer together. Is it 21 million? Or 22 or 23 million people? Nobody can say exactly. Only one thing is sure: Mumbai is one of the most densely-populated cities on earth. The rise from an insignificant fishing village lying amongst coco-palms and malarial swamps to the financial, trading and industrial centre of India seems to be just as much a fairytale as one of the innumerable feature-length Bollywood films churned out in the studios of Mumbai. The country's largest airport. The busiest port. One of the world's largest textile industries. One third of all India's income tax revenue is generated in Mumbai. The silhouettes of the glass and concrete office buildings rising boldly into the sky testify to the growing economic power. At the same time, millions of people live at the absolute minimum subsistence level.

More than half the city area consists of slums. A paltry fee of ten pounds per year was the value placed by the British government on the seven mosquito-infested islands, which they leased to the East India Company in 1668. The small province with the name of the Bombay Presidency developed only slowly at first. The headquarters of the East India Company was relocated here in 1787. In the course of a huge land reclamation project, the seven islands were joined together. Their protective goddess Mumba Devi, after whom the city was later named in Marathi, appeared to be in agreement. Factories and wharves were built, schools, libraries and hospitals, roads and banks. Nothing now stood any longer in the rise of Mumbai. The city also spread to the mainland opposite the peninsula, and is still spreading today.

Seized by hunting fever, Major John Smith in the year 1819 had thrust ever deeper into the jungles of the Indhyani mountains. Exhausted, he finally decided to give up and return to the hunting party, when his gaze penetrated the tangle of branches and came to rest on a rock wall. He soon stood in front of an artistically decorated portal chiselled out of the rock. Smith failed to bring down a tiger, but had instead discovered one of the over 30 Buddhist rock temples of Ajanta. Decorated caves, temples and monasteries dating from the period from 200 BC to 650 AD. The beauty of the old Indian cave frescoes, which depict legends from the life of Buddha, scenes from daily life or life at the court. The long isolation of Ajanta contributed greatly to the preservation of many of these paintings.

As Buddhism gradually became less and less popular in India, the caves of Ajanta were abandoned. The construction of a whole temple city in Ellora, to the south of Ajanta, was another contributory factor. Ancient Indian stonemasons here succeeded in creating a true marvel. Over five centuries, generations of craftsmen carved chapels and temples out of a 2-km long slope, decorating them with beautifully detailed sculptures.

The masterpiece of Ellora is the Kailasa Temple. Never before had stonemasons carved a whole temple – artistically designed both outside and inside – from the living rock of a mountain. Shimmering black basalt, inhabited by gods, demons and mythical creatures. India's largest free-standing, monolithic rock architecture, dedicated to the god Shiva. Dedicated to the holy mountain of Kailash, Shiva's home in the Himalayas. 200,000 tonnes of stone rubble had to be carted away for the construction. The temple was built during the reign of Krishna I. The construction of a shrine was at the time considered to be a meritorious and pious act. No ruler could allow himself to ignore this.

Even if only to prevent the opposition of the priesthood. Buddhist, Hindu and Jain shrines. They testify to the tolerance of an era which permitted the co-existence of religious sites of three religions. In the late afternoon, Ellora is bathed in golden light.

Karnataka

Karnataka means "black earth", but also "the land of the Kannada-speaking people". Around 80% of the population speaks Kannada, the rest mainly Urdu and Hindi. This region, with its documented history of over 2,000 years, experienced some of the greatest Indian dynasties, such as the Kadambas, the Chalukyas and the Hoysalas. They all left behind them their architectural testaments: Temples, mosques, citadels and tombs. Bijapur, Gulbarga and Bidar in the north were under the sway of the largely Islamic Bahami Dynasty. The Chalukyas reigned for hundreds of years in Badami, Aihole and Pattadakal. Their architecture is a mixture of northern- and southern-Indian features. But nothing surpasses the ruined city of Hampi. Imposing palace and temple buildings in the remoteness of an archaic landscape, between huge granite rocks and the valley of the Tungabhadra river.

In stark contrast, traffic jams, the twittering of mobile phones, shopping centres, women in business suits or tight jeans, fast-food restaurants and discotheques. Bangalore. Boomtown. Software metropolis. The city symbolises more than any other the breakneck development from an agrarian state into a high-tech society. The city was previously called Bangalore, but in 2006 its name was changed to Bengaluru, although the old name still persists today. Bangalore, the city on the Deccan Plateau, was in past times popular with pensioners, because of its mild climate and luxurious gardens. Today it attracts international concerns and IT companies. Every year, thousands of Indian university graduates stream to Bangalore, in order to research medications for international companies, to programme software and to process loans. Or to give out information in call-centres on anything from the departure times of suburban London trains to the prices of household appliances. With either a British or an American accent, depending on the caller. Bangalore is growing. For every new office tower it needs construction workers. The gang bosses usually obtain their new workers from impoverished villages. The new workers know nothing as yet about minimum wages and employees' rights. The workers live on the construction sites in tents or in the unfinished buildings, without water or electricity. When the building is finished, most of the workers end up in one of the slums. Bangalore is simultaneously a booming city and a city in crisis.

Mysore on the other hand, with almost one million inhabitants, is a provincial backwater, with wide avenues, a colourful flower and fruit market, with small shops instead of shopping centres, with silk, sandalwood and perfume. And with the palace of the Maharaja: the epitome of extravagance, tasteless monstrosity, a dream out of the 1,001 Nights become reality. Opinions about the palace are sharply divided. It was constructed in 1912 in place of the former wooden palace, which burnt down in 1897. Part of the building complex is still occupied by the royal family of the Wodeyars, although the more official parts of this monumental edifice are open to the public. Every day, thousands of tourists, from foreigners to farmers from Karnataka, tread barefoot over the marble floors to admire the accumulated splendour: the coloured glass windows, the artistically worked columns, walls inlaid and decorated with gold, mirrors decorated with intarsia, heavy doors of exotic and costly wood, crystal chandeliers, sumptuous wall paintings, silver and ivory. A tale from the 1,001 Nights, or a symbol of arrogance and extravagance?

The rulers of Vijayanagar certainly did not bother to ask themselves this question. They ruled a cosmopolitan city, they ruled the last great Hindu kingdom on Indian soil. Vijayanagar's rise began with two brothers. Harihara and Bukka were treasurers. When Muslim Moguls from Delhi marched into their country, the treasurers were taken prisoner. In the belief that they had been converted to Islam, the rulers sent them back, years later, to their homeland. Converted? Not by a long chalk. The brothers immediately broke away from Delhi, began to cultivate cotton where Hampi stands today, contrived a sophisticated water system and started trading in precious stones and spices, and became richer and richer. They had temples and palaces built, such as the Achyutaraya Temple, Kodanda-Rama Temple, the Vitthala-Swami Temple, all adorned with female beauties carved in stone, ancient but ageless, with elephants, mythical creatures, lions, gods – the craftsmanship of the stonemasons of the 16th century knew no bounds. One simply has to bow in thought to the power of imagination of the builders. 26 km^2 of palaces, temples, elephant stalls, bathhouses, audience chambers, statues and guard towers, set in a bizarre rocky landscape.

The temples of Pattadakal, Badami and Aihole are much older, dating from thc 7th and 8th centuries. Surrounded by a chain of red sandstone hills, with cliffs and gorges, lies Badami, once the capital of the Chalukya empire, today rather a village than a town. In Badami, in nearby Pattadakal and also in Aihole stand the oldest Dravidian temples and the oldest Dravidian rock caves. Pattadakal's shrines are however the most splendid, and are considered to be the crowning glory of Chalukya sacred art. These were the showplace of the elaborate coronation ceremonies of the rulers. By building imposing temples, they were attempting to demonstrate their absolute power; no wonder, since they saw themselves as the representatives of god on earth. The most splendid and largest of the 40 temples was founded by Queen Lokamahadevi in the 8th century, in order to honour the victory of her husband over the Pallava Dynasty. At this place, where many rulers were crowned, they celebrated their victories in stone. But only ten years after the completion of the temple, the dynasty was toppled by the royal house of the Rashtrakuta. The conquerors however showed respect for the beauty of the temples. No conqueror, whichever religion he espoused, defiled the sacred places of Pattadakal, Badami or Aihole, so that temple cities can still be seen today which combine the southern- and northern-Indian styles.

Der heilige Tempelkomplex von Pattadakal. Zehn Tempel stehen in einer Art Experimentierfeld nebeneinander und gehören zu den bedeutendsten der frühen indischen Steintempel.

The sacred temple complex of Pattadakal. Ten temples stand next to each other in a sort of experimental field, and are some of the most important of the early Indian stone temples.

Vor dem Virupaksha-Tempel in Pattadakal, der aus dem Jahr 745 n. Chr. stammt, steht ein Nandi-Pavillon.

In front of the Virupaksha Temple in Pattadakal, which dates from the year 745 AD, stands a Nandi pavilion.

Bidar. Die letzte Ruhestätte für den im Jahr 1460 verstorbenen schiitischen Heiligen Khalil Allah ist ein quadratischer Kuppelbau mit schönen Kalligraphien von perfekter ästhetischer Ausgewogenheit.

Bidar. The last resting place of the Shiite religious leader Khalil Allah, who died in the year 1460, is a square domed construction with beautiful calligraphies of perfect aesthetic balance.

Hauptor des Forts von Bidar. Auf einem Plateau aus rötlichem Laterit gelegen, wird das Fort – ähnlich einer europäischen mittelalterlichen Burg – von drei Gräben geschützt, über die früher Ziehbrücken führten.

The main gate of the Fort of Bidar. Standing on a plateau of reddish laterite, the fort – similar to a mediaeval European castle – is protected by three moats, which in earlier times were crossed by drawbridges.

Badami, ehemals Hauptstadt des mächtigen Reiches der Chalukya-Dynastie, ist von Sandsteinbergen umschlossen, in denen sich bedeutende Kulthöhlen befinden. Die ältesten Baudenkmäler Badamis bestehen aus einer Gruppe in den roten Felssandstein gehauener Tempel, die miteinander verbunden sind. In den Kulthöhlen beeindrucken meisterhafte Reliefs und Skulpturen aus der hinduistischen und jainistischen Götterwelt.

Badami, formerly the capital of the powerful kingdom of the Chalukya Dynasty, is surrounded by sandstone mountains, in which there are many cave sanctuaries. The oldest building monuments of Badami consist of a group of temples hewn into the red sandstone, which are all connected with each other. The cave sanctuaries contain impressive and masterful reliefs and sculptures depicting the Hindu and Jain pantheon.

Hoysalesvara-Tempel in Halebid. Jeder Zentimeter ist mit Hindu-Gottheiten bedeckt, aber auch mit Szenen aus dem Leben und der Zeit der Hoysala-Könige.

The Hoysalesvara Temple in Halebid. Every centimetre is covered with Hindu deities, and scenes from daily life and the time of the Hoysala kings.

Grabmal und Moschee Ibrahim Rauza. Das Sultanat Bijapur war eines der fünf zentralindischen Dekkan-Sultanate, das 1490 gegründet und bis zur Unterwerfung durch das Mogulreich im Jahre 1686 bestand.

Ibrahim Rauza tomb and mosque. The Sultanate of Bijupur was one of the five central Indian Deccan Sultanates, which was founded in 1490 and endured until its conquest by the Mogul Empire in the year 1686.

Weithin sichtbar über Bijapur ist das gewaltige Gol Gumbaz Mausoleum, das Grab von Muhammad Adil Shah aus dem Jahr 1656. Die 59 Meter hohe Kuppel mit einem Durchmesser von 44 Metern soll die größte nach der des Petersdoms in Rom sein.

Visible from afar over Bijapur is the great Gol Gumbaz Mausoleum, the tomb of Muhammad Adil Shah from the year 1656. With a height of nearly 200 ft. and a diameter of 144 ft., the dome is thought to be the largest after that of St. Peter's Basilica in Rome.

Am südlichen Ufer des Tungabhadra liegen die Ruinen von Vijayanagar, heute bekannt unter dem Namen Hampi und UNESCO- Weltkulturerbe. Die sagenumwobene Stadt der Vijayanagarkönige erstreckt sich über 20 Quadratkilometer in einer ausgedörrten Felslandschaft.

On the southern bank of the Tungabhadra lie the ruins of Vijayanagar, today known as Hampi and a UNESCO world cultural heritage site. The legendary city of the Vijayanagar kings extends over 20 km² in an arid, rocky landscape.

Der Virupaksha-Tempel in Hampi, der vermutlich einer der ältesten genutzten Tempel in Indien ist und noch heute ein wichtiges Wallfahrtszentrum für die Anbeter von Shiva darstellt.

The Virupaksha Temple in Hampi is perhaps one of the oldest temples in India still in use today, and is still an important pilgrimage destination for worshippers of Shiva.

Der hinduistisch-islamische Lotus Mahal in Hampi hat wahrscheinlich als Ratskammer des Königs von Vijayanagar gedient.

The Hindu-Islamic Lotus Mahal in Hampi probably served as the Council Chamber of the King of Vijayanagar.

Der Vitthala-Tempel in Hampi inmitten von Steinpavillons. Diese Anlage gilt als die schönste und schmuckreichste der Stadt.

The Vitthala Temple amongst stone pavilions. This complex is considered to be the most beautiful and decorative of the city.

Granitformationen mit Ruinen in Vijayanagar (Hampi). Von den Festungsmauern, die einst die Stadt umgeben haben, sind nur noch geringe Reste erhalten.

Granite formations with ruins in Vijayanagar (Hampi). Only little has been preserved of the fortress walls which once surrounded the city.

Vittala-Tempel in Hampi mit Triumphwagen aus Granit. Dieser Tempelwagen (Ratha) stellt einen kleinen Schrein für Vishnus Reittier Garuda dar, der originalgetreu von der hölzernen Form in Stein übertragen wurde.

The Vitthala Temple in Hampi with granite chariot. This temple chariot (Ratha) represents a small shrine to Vishnu's mount Garuda, which was faithfully reproduced in stone from the original wooden version.

Die königlichen Gräber der Bahmani-Herrscher in Ashtur. Außen mit bunten Fliesenmosaiken geschmückt, zieren im Inneren wunderschöne Fresken die Wände und die riesigen Kuppeln.

The royal tombs of the Bahmani rulers in Ashtur. Decorated on the outside with brightly-coloured tile mosaics, beautiful frescos adorn the interior walls and the huge domes.

Der Palast der Maharadschas von Mysore wurde 1912 an der Stelle eines 1897 abgebrannten Palastes von dem englischen Architekten Irwin im indo-sarazenischen Stil errichtet.

The palace of the Maharajas of Mysore was constructed in 1912 by the English architect Irwin in the Indo-Saracen style in place of an earlier palace which burnt down in 1897.

Der Keshava-Tempel von Somnathpur zeigt die künstlerisch hoch entwickelte Kultur der Hoysala-Dynastie in reinster Form. Nachdem die Fürsten dieser Dynastie sich wieder dem Hinduismus zugewandt hatten, ließen sie ab dem 12. Jahrhundert Tempelanlagen mit reichem Skulpturenschmuck und feinen Reliefbändern errichten, die ihresgleichen suchen.

The Keshava Temple of Somnathpur shows the artistically highly developed culture of the Hoysala Dynasty in its purest form. After the princes of this dynasty had returned to Hinduism, they had temple complexes built from the 12th century, with rich sculptural decoration and fine relief strips which are unmatched anywhere else.

Die spirituelle Bedeutung der heiligsten Stätte der Jains in Südindien hat viele Herrscher zum Bau von Heiligtümern veranlasst. Im 6. Jahrhundert vor Christi soll der heilige Bhadrabahu sich auf der Flucht vor der unheimlichen Dürre in seiner Heimatstadt befunden haben. Er passierte mit 2000 Anhängern die aufragenden Felsen von Sravana Belgola und wählte diesen Ort aus, um durch bewusstes Fasten zu geistiger Erleuchtung zu gelangen.

The spiritual importance of the holiest place of the Jains in southern India prompted many rulers to build sanctuaries. In the 6th century BC, the holy Bhadrabahu is said to have sought refuge from the terrible drought in his home town. With 2,000 followers, he passed by the towering rocks of Sravana Belgola and chose this spot to attain spiritual enlightenment by deliberate fasting.

Ein weiteres UNESCO-Kulturdenkmal sind die 30 Tempel-Höhlen von Ajanta, die im Gegensatz zu Ellora über 1000 Jahre völlig verlassen waren. Das tief eingeschnittene Tal mit den Felsenheiligtümern wurde zufällig im Jahre 1819 von einem britischen Offizier wiederentdeckt. Seit dem 2. Jahrhundert vor Christi wurden diese Felsentempel und -klöster von buddhistischen Mönchen in die Wände des hufeisenförmigen Tals gehauen. Die Wandmalereien und Skulpturen sind das beste Beispiel für frühbuddhistische Kunst in Indien.

Another UNESCO cultural monument are the 30 temple caves of Ajanta, which in contrast to Ellora were completely abandoned for over 1,000 years. The deep valley with its rock sanctuaries was rediscovered by accident in the year 1819 by a British officer. These rock temples and monasteries were cut into the walls of the horseshoe-shaped valley from the 2nd century BC onwards by Buddhist monks. The wall paintings and sculptures are some of the best examples of early Buddhist art in India.

Tempel-Höhlen von Ajanta. Auf einem Podest liegt ein sieben Meter großer Buddha, der friedlich zu schlafen scheint. Seine Schüler betrauern ihn, während himmlische Wesen seine Erlösung feiern.

The temple caves of Ajanta. On a podium lies a seven-metre high Buddha, who appears to be sleeping peacefully. His pupils mourn him, while heavenly beings celebrate his redemption.

Tempel-Höhlen von Ajanta. Bodhisattva Padmanpani (links) und das berühmte Gemälde von Bodhisattva Vajrapani (rechts), zwei der großen Bodhisattvas des Mahayana-Buddhismus.

The temple caves of Ajanta. Bodhisattva Padmanpani (left) and the famous painting of Bodhisattva Vajrapani (right), both great Bodhisattvas of Mahayana Buddhism.

Zu den bedeutendsten historischen Bauwerken Indiens zählen die Höhlen von Ellora. Das schönste Felsenmonument ist der Kailasanatha-Tempel, der zum UNESCO-Weltkulturerbe gehört. Dieser Mammutkomplex wurde aus einer riesigen Klippe herausgemeißelt, rund 200 000 Tonnen Stein mussten abgetragen werden. Die Steinmetze begannen von oben mit der Tempelkuppel und arbeiteten sich immer weiter nach unten vor.

The caves of Ellora are amongst the most important historical building works in India. The most beautiful rock monument is the Kailasanatha Temple, a UNESCO world cultural heritage site. This mammoth complex was chiselled out of a huge cliff, and around 200,000 tonnes of stone had to be carried away. The stonemasons began from the top with the temple dome, working their way further and further down to the bottom.

Der Süden

Der Garten der Götter

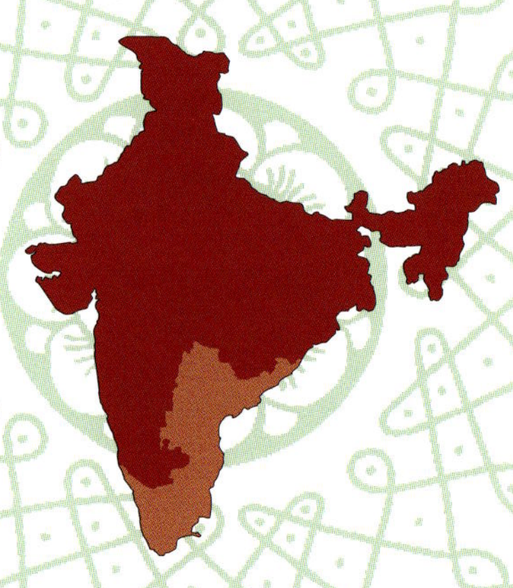

The South

The garden of the gods

HYDERABAD
GOLCONDA
Andhra Pradesh
KANCHIPURAM
OOTY
Tamil Nadu
THRISSUR
SRIRANGAM
Kerala
KOCHI
MADURAI

Der Garten der Götter

Palmenhaine reichen bis ans Wasser. Der gelbe Sand rieselt fein durch die Hände, während der Sonnenuntergang den Ozean in Orange taucht. In den Backwaters rudert ein Fährmann seine Kundschaft über einen Kanal. Nebel vermischt sich mit dem Rauch morgendlicher Herdfeuer in den Nilgiri-Bergen, den „Blauen Bergen“. Feuchte Meeresluft von der Küste sorgt für ideale Bedingungen in den Gewürz- und Teeplantagen. Die Kraft der tropischen Sonne, der kühlende Wind des Monsuns und die Gunst der Götter haben die Gewürzküste im Süden Indiens gesegnet. Durch die fruchtbare Natur, die den Menschen ausreichend Nahrung gibt und wenig Widrigkeiten beschert, ist das Leben im Süden einfacher als im Norden. Hier ist das Temperament der Menschen so sanft, wie ihre Küche scharf ist. Der Süden, das sind die Bundesstaaten Andhra Pradesh, Tamil Nadu und Kerala.

Andhra Pradesh

Endlose Felder, unterbrochen nur durch wenige Dörfer. Wie rote Teppiche liegen Chilischoten zum Trocknen ausgebreitet. Andhra Pradesh ist Chili-Land. Dünn besiedelt, landwirtschaftlich geprägt. Eigentlich sollte der Bundesstaat Andhra Pradesh zu den ärmeren Region Indiens gehören – wären da nicht die Diamantenminen, die schon die muslimischen Herrschergenerationen, die Nizams von Hyderabad, zu den reichsten Männern der Welt gemacht haben. Und wäre da nicht Hyderabad, die Stadt, die dabei ist, Bangalore als Computerzentrum den Rang abzulaufen.

Als Faustregel gilt: je röter und kleiner, desto schärfer. Chili, das feurige Herz der indischen Küche. Über die Hälfte der Welternte von „capsicum annuum“ wächst in Indien. Das meiste davon in Andhra Pradesh auf den roten Böden um Guntur und Hyderabad. In der alten Residenzstadt des Nizam wird mehr Chili gegessen als irgendwo sonst in Indien. Darum ist es kaum zu glauben, dass in Hyderabad erst seit dem 17. Jahrhundert scharf gekocht wird. Chili war nämlich in Asien nie heimisch. Erst Christoph Kolumbus hat ihn auf karibischen Inseln entdeckt, doch das scharfe Gewürz fand in Europa wenig Liebhaber. Nachdem arabische Händler die Schoten weiter im Osten verbreiteten, begann der Siegeszug des Chili.

Lange zuvor schon, nämlich 1512, wurde die Region von Sultan Quli Qutb Shah für unabhängig und Golkonda mit seiner Festungsanlage zur Hauptstadt erklärt. Auf einem aus der Ebene aufragenden Granithügel steht das Fort. Wer diese Anhöhe unter seine Kontrolle gebracht hatte, der beherrschte auch das weite, ertragreiche Umland. Und die Diamantenminen. Darum waren Golkonda und seine Festung erbittert umkämpftes Terrain. Dementsprechend wurde es geschützt. Um den Fuß des Hügels verläuft eine elf Kilometer lange Schutzmauer, dreifach gesichert mit 87 Bastionen und acht Toren. Die massiven Tore sind mit eisernen Spitzen versehen, die verhindern sollten, dass Elefanten die Tore rammten. An der Straße zum Fort sollen Juweliere ihre Quartiere und Läden gehabt haben.

Auf halber Höhe liegt das Gefängnis des Steuereintreibers Ramdas. Er hat Geld veruntreut. Statt es dem Shah abzuliefern, soll er es zur dringend notwendigen Renovierung des Rama-Tempels abgezweigt haben. Gott Rama selbst soll ihn für die fromme Unterschlagung belohnt haben. Er ließ den Sultan träumen, er habe sein Geld zurückbekommen. Ramdas erhielt Freiheit und Posten zurück, während der Shah jährlich großzügige Zahlungen an den Tempel veranlasste.

Golkonda blieb Hauptstadt, bis 1591 Hyderabad gegründet wurde. Damals herrschte Wasserknappheit, darum hielt sich der Herrscher lieber am Ufer des Flusses Musi auf als auf dem Hügel von Golkonda – und er ließ eine Stadt am Fluss bauen. Hyderabad. Die Stadt entwickelte sich zu einem Zentrum für Kunst, Kultur, Bildung und Islam. Prunk und Pracht wurden durch die scheinbar unerschöpflichen Diamantenminen finanziert. Heute ist Hyderabad die fünftgrößte Stadt Indiens und ein einziger Widerspruch. Eine Stadt, in der sich schmale alte Wege mit vielbefahrenen Straßen kreuzen. Jahrhundertealte islamische Gebäude stehen Seite an Seite mit modernen Hochhäusern. Längst ist Hyderabad mit Secunderabad zusammengewachsen. Secunderabad ist ein Kind der Briten. Weitläufig und modern. Welch ein Gegensatz zum chaotischen, lebhaften Hyderabad mit seinen verwinkelten Altstadtgassen und den Basaren. Welch ein Gegensatz zu traditionellen Basarhändlern, Rikschafahrern und Schuhputzern sind die Tausende von jungen, ambitionierten, westlich orientierten Computerfachleute, die die Stadt zum Mekka ihres Traums auserkoren haben. Sie wollen aus Hyderabad ein Cyberabad machen.

Tamil Nadu

Tamil Nadu ist Südindien in Reinform. Nirgendwo sonst hat sich die indische Kultur so unverfälscht erhalten. Ihre kulturellen Monumente finden sich überall: große Tempelanlagen mit hohen, von bunten Götterfiguren übersäte Türme, den Gopurams, in Stein gehauene Bilder, große Wandreliefs, traditionelle Musik und Tänze. In Tamil Nadu sieht man Pilger auf ihrem Weg von Tempel zu Tempel in Städten wie Kanchipuram, Madurai, Srirangam, Thanjavur und Tiruchirappalli. Das gesamte Leben dreht sich um die im Stadtzentrum stehenden Tempel und die Tempelfeste. Kaum ein Bundesstaat verfügt über einen derart reichen Festtagskalender. Rauschende Umzüge und tiefe Religiosität gehen hier eine das Lebensgefühl der Tamilen spiegelnde Symbiose ein. Tamil Nadu, Land der Tamilen. Das einzige Bundesland Indiens, in dem die muslimischen Eroberer so gut wie keine Spuren hinterlassen haben, auch der britische Einfluss ist minimal. Dies ist umso erstaunlicher, als die Hauptstadt Chennai, das frühere Madras, das Tor der Briten auf den Subkontinent war.

Im Land der Tamilen gibt es trockene Regionen im Südosten, aber auch fruchtbare, von großen Flüssen gespeiste Gegenden, bis zu den Hochebenen und Hängen der Kardamon- und Nilgiri-Berge. Darum gedeihen sowohl Zuckerrohr, Baumwolle und Reis als auch Chili, Hirse, Kaffee und Tee. Statt durch ausufernde Millionenstädte, abgesehen von Chennai, ist Tamil Nadu von Kleinstädten und Dörfern geprägt.

Für indische Verhältnisse ist auch Madurai mit seinen knapp unter 1,5 Millionen Einwohnern noch eine kleine Stadt. Eine lebendige, mit Pilgern, Geschäftsleuten, Bettlern, Ochsenkarren und Legionen unterbeschäftigter Rikscha-Wallahs bevölkerte Stadt. Madurai ist eine der ältesten Städte Südindiens, sie war bereits den Griechen im 4. Jahrhundert v. Chr. bekannt. Die heimliche Hauptstadt des Südens. Ein Zentrum des Lernens und Studierens, ein Ort des Gewürzhandels und ein Wallfahrtsort. Alles dreht sich um den Shree-Meenakshi-Tempel, das Herz der Altstadt. Geschäftigkeit und Religiosität. Händler, Pilger, Rikscha-Wallahs, Schneider. Wahrzeichen Madurais sind die zwölf riesigen, bis zu 50 Meter hohen Tempeltürme, die die Stadt überragen. Mit Tausenden grellbunten Götterfiguren, Dämonen, Tempelwächtern, Helden, Zwergen, Asketen, Tieren und Fabelwesen sind die Gopurams übersät. Ein Abbild des spirituellen Kosmos Südindiens. Vor der Jahrhundertwende wurden die Gopurams renoviert, davor entspann sich in Madurai eine heftige Debatte. Bunt oder einfarbig? Wie sollten die Türme gestaltet werden? Ein Volksentscheid ging zugunsten der farbigen Variante aus. Wie Inschriften am Tempel belegen, entspricht dies dem ursprünglichen Zustand. Bunte Hochhäuser für die Götterclans.

Im Tempel herrscht von Sonnenauf- bis Sonnenuntergang geschäftiges Treiben. Mehr als 10000 Pilger werden täglich gezählt. Auf den Ghats am Tempelteich, dem Teich des Goldenen Lotus, vollführen Pilger ihre rituellen Waschungen, Hochzeitspaare lassen sich fotografieren, Familien legen eine Pause ein, man trifft sich auf ein Schwätzchen. Der Tempel als sozialer Mittelpunkt des städtischen Lebens.

Sehr erfinderisch im Anbieten von Dienstleitungen sind die Einwohner der Tempelstadt Kanchipuram: Schuhehüter, Tempelpfleger, Blumenwechsler, Gebete für zahlende Kunden Murmelnde. Die Kundschaft ist groß, denn Kanchipuram ist eine der sieben heiligen Stätten der Hindus. Von ihren ursprünglich 1000 Tempeln sind nicht mehr ganz 200 erhalten. Auch Kanchipuram ist eine alte Stadt, schon im dritten Jahrhundert v. Chr. ist sie eine Stadt der Gelehrten, der verschiedenen Kulturen und Sprachen. Als Kanchipuram im 6. Jahrhundert die Hauptstadt der Pallava-Dynastie wurde, florierten die Künste. Und es wurden die ersten Steintempel errichtet. Der Kailasanatha-Tempel ist der älteste und für viele der schönste Tempel, der Shiva geweiht ist. Nachdem ihr König vom Jainismus zum Hinduismus übergetreten war, nahmen auch die Einwohner der Stadt die Religion an und verehrten fortan Shiva. Neue Dynastien folgten, auch sie ließen neue Tempel bauen, alte renovieren, erweitern, und sie sorgten dafür, dass der Shivaismus weiterhin die bedeutendste Glaubensrichtung blieb. Nebenher entwickelte sich die Seidenproduktion.

Kerala

Vielleicht ist Kerala der schönste Fleck Indiens. Ohne Elend und Großstädte, dafür voller Palmenhaine und Kanäle. Ein Garten der Götter. Kilometerweit Meer, Sand und Kokospalmen. An der Küste und in den Bergen gedeihen Gewürze. Im Periyar-Nationalpark leben auf mächtigen Bäumen Langur-Affen. Elefantenfamilien streifen durchs Unterholz. Zwischen Meer und Bergen liegen die Backwaters, ein weitverzweigtes Gespinst von Kanälen, Lagunen, Seen und flachem Schwemmland. Gespeist von 14 Gebirgsflüssen und vom Arabischen Meer. Eine amphibische Welt, die seit vielen Jahrhunderten wichtige Verkehrsadern bildet. Eine Welt voll tropischem Überfluss.

Kerala gilt aber auch als Vorzeigestaat für ein multikulturelles Miteinander. Offenheit und Bildung. Nirgendwo sonst in Indien sind die Alphabetisierungsquoten und die Lebenserwartung so hoch, die Kindersterblichkeit und das Bevölkerungswachstum so gering. Einen erheblichen Anteil an dieser positiven Bilanz haben die mit Unterbrechungen regierenden Kommunisten. Ihr Leitmotiv war dabei nicht das Kommunistische Manifest, sondern es waren die drei schon von Gandhi geforderten Ideale: Erziehung, Pressefreiheit, Dezentralisierung. Die Keraliten lieben Gewerkschaften. Allein die Transportarbeiter sind in 63 Gewerkschaften aufgeteilt. Es gibt die Gewerkschaft der Palmblütenweinsammler und die der Kokospflücker. Oft wird gestreikt. Aber die Löhne sind deutlich höher als in anderen Bundesstaaten. Beides sind wiederum Gründe, warum in Kerala nur wenig Industrie angesiedelt ist.

Aber Hunger, Armut und Ausbeutung sind in Kerala so gut wie unbekannt. Denn neben der üppigen Natur und den sozialen Errungenschaften leben viele Keraliten in den arabischen Ölstaaten und schicken Geld nach Hause.

Sehnige Männer senken die chinesischen Fischernetze im Hafen von Kochi ins Meer. Zu sechst hieven sie die gewaltigen Senknetze mit langen Seilen und Gegengewichten aus Steinen wieder aus dem Wasser. Der Fang kann gleich nebenan gekauft oder an Essständen verzehrt werden. Doch der Fischfang ist nicht Haupteinnahmequelle Kochis, sondern der Hafen samt Gewürzhandel. Gewürze von der Malabarküste wurden schon ins antike Rom exportiert. Im 16. Jahrhundert kamen die Europäer nach Kochi, erst die Portugiesen, später die Holländer und Engländer. Vasco da Gama residierte als Vizekönig in der Stadt am Meer und wurde in der St. Francis Kirche bestattet. Erst Jahre später brachte ein portugiesisches Schiff seine sterblichen Reste zurück nach Lissabon.

Ein Schwarm Libellen steht schwirrend in der schwülen Luft. Wasserhyazinthen bedecken einen Kanal wie ein dichter Teppich. Es ist so still, als sei der Lärm noch nicht erfunden. Männer stehen bis zum Hals im Wasser, tauchen und schöpfen Schlick, um später ihre Beete damit zu düngen. Frauen bringen in Paddelbooten Enteneier und Kokosnüsse zum Markt. Alles wird in den Backwaters auf dem Wasser erledigt: Hochzeiten, Umzüge, Protestmärsche. Das Leben balanciert auf den Booten.

Kerala ist ein großes Dorf. Hier sind Menschen und ihre bunten Hütten mit der Gießkanne verteilt worden. Es gibt keine Ballungen. Nur rote Lehmstraßen, an deren Rändern geschraubt, gewerkelt, gegraben oder gehämmert wird. Und es gibt die Kanäle, breite, schmale – ein 1500 Kilometer langes Netz. Ein Wasserlabyrinth. Uralte Transportwege. Kinder planschen ausgelassen im Wasser. Papageien flattern vorbei. Am Ufer stehen Kokospalmen dicht an dicht, ihre Blätter berühren sich in der Mitte der Kanäle. Im Abendlicht kommen die Fischer mit ihrem Fang zurück. Sie staken ihren schmalen Holzkahn mit einem Bambusstab voran. Plätschernd gleitet das Boot dahin. Kurz darauf stehen die Männer in Lendenschurz und Turban am Uferwasser und seifen sich den Schweiß von den müden Körpern. Kerala, das ist der Garten der Götter, vielleicht der schönste Fleck Indiens.

The garden of the gods

Palm groves extend down into the water. The yellow sand trickles finely through the hands, and at sunset the ocean is bathed in orange. In the backwaters, a boatman rows his passengers over a canal. Mist mingles with the smoke of morning hearth fires in the Nilgiri mountains, the "blue mountains". Moist sea air from the coast provides ideal conditions in the spice and tea plantations. The power of the tropical sun, the cooling wind of the monsoon and the favour of the gods have blessed the Spice Coast in the south of India. Thanks to the fertile nature, which provides the people here with enough food and little adversity, life in the south is simpler than in the north. Here the temperament of the people is as mild as their cuisine is hot. The south, comprising the states of Andhra Pradesh, Tamil Nadu and Kerala.

Andhra Pradesh

Endless fields interspersed with only few villages. Chilli peppers lie spread out to dry like a red carpet. Andhra Pradesh is chilli country. Sparsely settled and agricultural in nature. The state of Andhra Pradesh should really be one of the poorer regions of India – if it were not for the diamond mines, which long ago made the generations of Muslim rulers, the Nizams of Hyderabad, some of the richest men in the world. And if it were not for Hyderabad, the city which is in the process of overtaking Bangalore as the main computer centre.

The rule of thumb goes: the redder and smaller, all the hotter. Chilli, the fiery heart of Indian cuisine. Over half the world's harvest of "capsicum annuum" grows in India, and most of this in Andhra Pradesh, on the red soils around Guntur and Hyderabad. In the old residence city of the Nizam, more chilli is eaten than anywhere else in India. It is therefore hard to believe that this hot and spicy cuisine has only been practiced in Hyderabad since the 17th century. Chilli was actually never native to Asia. It was discovered on Caribbean islands by Christopher Columbus, although this hot spice gained little popularity in Europe. The triumphal march of the chilli only began when it was brought further east by Arabic merchants.

Long before this time, in 1512, Sultan Quli Qutb Shah declared the independence of the region, making Golkonda with its fortress complex the capital city. The fort stands on a granite hill towering up out of the plain. Anyone who could control these heights would also rule the rich surrounding countryside. And the diamond mines. Golkonda and its fortress were therefore bitterly contested territory. It was protected accordingly. Around the foot of the hill runs an 11-km protective wall, guarded by 87 bastions and with eight gates. The massive gates are studded with iron spikes, which were intended to prevent elephants ramming the gates. Jewellers are supposed to have established their quarters and shops along the road leading to the fort.

Half-way up lies the prison of the tax-collector Ramdas, who embezzled funds. Instead of handing it over to the Shah, he is supposed to have diverted it for the urgently required renovation of the Rama Temple. The god Rama himself is said to have rewarded him for his pious misappropriation. He made the Sultan dream that he had got his money back. Ramdas was freed and returned to his post, while the Shah made generous annual payments to the temple.

Golkonda remained the capital until Hyderabad was founded in 1591. There was a dire shortage of water at the time, so the ruler preferred to reside on the banks of the River Musi rather than on the hill of Golkonda – and he had a city constructed by the river. Hyderabad. The city developed into a centre of art, culture, education and Islam. Pomp and splendour were financed by the apparently inexhaustible diamond mines. Today Hyderabad is the fifth-largest city in India, and a unique contradiction. A city in which old, narrow roads cross busy modern streets. Centuries-old Islamic buildings stand side-by-side with modern skyscrapers. Hyderabad has long since merged with Secunderabad. Secunderabad is a child of the British. Spacious and modern. What a contrast to the chaotic, lively Hyderabad with its labyrinthine old-town alleyways and the bazaars. What a contrast to traditional bazaar merchants, rickshaw drivers and boot-blacks are the thousands of young, ambitious, western-orientated computer specialists, who have chosen the city as the Mecca of their dream. They want to turn Hyderabad into Cyberabad.

Tamil Nadu

Tamil Nadu is southern India in its purest form. Nowhere else has Indian culture been so faithfully preserved. Its cultural monuments can be found everywhere: great temple complexes with high towers strewn with brightly-coloured figures of deities, the Gopurams, images hewn in stone, great wall reliefs, traditional music and dances. In Tamil Nadu one sees pilgrims on their way from temple to temple in towns like Kanchipuram, Madurai, Srirangam, Thanjavur and Tiruchirappalli. Daily life revolves around the temples standing in the city centre, and the temple festivals. Hardly any other state has such a rich festival calendar. Dazzling processions and deep religiosity here form a symbiosis which reflects the Tamils' attitude to life. Tamil Nadu, the land of the Tamils. The only state in India where the Muslim conquerors have left practically no traces, and even the British influence here is minimal. This is all the more surprising since the capital of Chennai, the former Madras, was the gateway of the British to the sub-continent.

In the land of the Tamils, there are dry regions in the south-east, but also fertile areas, fed by large rivers, and the high plains and slopes of the Kardamon and Nilgiri mountains. Sugar cane, cotton and rice thrive here, as well as chilli, millet, coffee and tea. Apart from Chennai, Tamil Nadu is a region of small towns and villages, instead of overflowing cities of millions.

Even Madurai, with its almost 1.5 million inhabitants, is still a small town by Indian standards. A lively town populated by pilgrims, businessmen, beggars, ox-carts and legions of underemployed rickshaw drivers. Madurai is one of the oldest towns of southern India, and was already known to the Greeks in the 4th century BC. The secret capital of the south. A centre of learning and study, of spice-trading and pilgrimage. Everything revolves around the Shree-Meenakshi Temple, the heart of the old town.

Business and religiosity. Merchants, pilgrims, rickshaw-wallahs, tailors. The landmarks of Madurai are the twelve temple towers, which rise up to 160 ft. over the city. The Gopurams are covered with thousands of gaudily coloured deities, demons, temple guardians, heroes, dwarves, ascetics, animals and mythical creatures. A reflection of the spiritual cosmos of southern India. The Gopurams were renovated before the turn of the century, although this sparked heated debate in Madurai. Multi-coloured or plain? How should the towers be designed? The referendum voted in favour of the coloured variant. As the inscriptions on the temple confirm, this corresponds to the original condition of the building. Brightly-coloured skyscrapers for the divine clans.

The temple is busy from sunrise to sunset, the visitors numbering over 10,000 pilgrims every day. On the ghats of the temple pool, the Pool of the Golden Lotus, pilgrims perform their ritual washing, newly-married couples pose for photographs, families take a break, and people meet for a chat. The temple as the social focus of city life.

The inhabitants of the temple city of Kanchipuram are very inventive when it comes to the provision of services: shoe-keepers, temple attendants, flower-changers and others who murmur prayers for paying customers. Business is brisk, because Kanchipuram is one of the seven sacred places of the Hindus. Of its original 1,000 temples, no more than 200 remain today. Kanchipuram too is an old town, and as early as the 3rd century BC was a town of scholars, of different cultures and languages. When Kanchipuram became the capital of the Pallava Dynasty in the 6th century, the arts flourished, and the first stone temples were constructed. The Kailasanatha Temple is the oldest and for many the most beautiful temple, and is dedicated to Shiva. After their king converted from Jainism to Hinduism, the inhabitants of the town also adopted the religion, and henceforth worshipped Shiva. New dynasties followed, who also built new temples, renovated and extended old ones, and ensured that Shivaism continued to remain the principal religion. Silk production developed alongside.

Kerala

Kerala is perhaps the most beautiful spot in India. Without squalor or large cities, but instead abounding with palm groves and canals. A garden of the gods. Sea, sand and coconut palms for kilometres on end. Spices flourish along the coast and in the mountains. Langur monkeys live amongst the tall trees of the Periyar National Park. Herds of elephants browse the underbrush. Between the sea and the mountains lie the backwaters, an interwoven lacework of canals, lagoons, lakes and flat flood-plain. Fed by 14 mountain rivers and the Arabian Sea. An amphibious world, which for centuries has formed important transport arteries. A world full of tropical abundance.

Kerala can also be held up as a prime example of multi-cultural co-existence. Openness and education. Nowhere else in India are the literacy rates and life expectation so high, or infant mortality and population growth so low. A considerable share in this positive balance is due to the Communists who have been in intermittent control of the state. Their guiding principle has been not the Communist Manifesto, but the three ideals propounded by Gandhi: education, freedom of the press and decentralisation. The Keralites love trade unions. The transport workers alone are divided into 63 different unions. There is one union for the palm blossom wine gatherers, another one for the coconut pickers. Strikes are common, although wages are significantly higher than in other states. Two more reasons why little industry has established itself in Kerala.

But hunger, poverty and exploitation are almost unknown in Kerala. Because in addition to the generosity of nature and the social achievements of the region, many Keralites work in the Arab oil states, and send money home.

Sinewy men lower the Chinese fishing nets into the sea in the harbour at Kochi. Six of them then heave the heavy sink-nets out of the water again using long ropes and counterweights of stones. The catch can be bought nearby or eaten at food stalls. But fishing is no longer the main source of income of Kochi, but the harbour itself and its spice trade. Spices from the Malabar were long ago exported to ancient Rome. In the 16th century, the Europeans arrived in Kochi, first the Portuguese, and later the Dutch and English. Vasco da Gama resided here as the Viceroy in this city by the sea, and was buried in the St. Francis Church. It was only years later that a Portuguese ship carried his mortal remains back to Lisbon.

A swarm of dragonflies buzzes and whirs in the humid air. Water hyacinths cover a canal like a deep carpet. It is as quiet as if noise had never been invented. Men stand up to their necks in the water, diving to collect silt to fertilise their crops with it. Women in paddle-boats bring duck eggs and coconuts to the market. In the backwaters everything is carried out by water: weddings, removals, protest marches. Daily life depends on boats.

Kerala is a large village, sprinkled with people and their brightly-coloured huts like water from a watering can. There are no conurbations. Only red clay roads, along whose sides the people potter about, digging, working or hammering. And of course the canals, sometimes wide, sometimes narrow, but nevertheless a labyrinthine network extending over 1,500 kilometres. Ancient transport routes. Children splash boisterously in the water. Parrots flutter by. The banks are overgrown with coconut palms, their fronds brushing against each other over the middle of the canal. At twilight, the fishermen return with their catch. They propel their narrow wooden boats forward with bamboo poles, like punts. The boat glides along to the accompaniment of gentle lapping noises. Soon the men, clad in loincloths and turbans, stand in the shallows, soaping the sweat from their tired bodies. Kerala, the garden of the gods, perhaps the most beautiful spot in India.

Die Festung Golconda bei Hyderabad mit den Gräbern der Qutb-Shahi-Herrscher. Die gewaltige Anlage wurde von Mauern mit 87 halbkreisförmigen Bollwerken und acht mit Eisenstacheln besetzten Toren zur Abwehr von Elefantenangriffen gesichert.

The Fortress of Golconda near Hyderabad with the tombs of the Qutb-Shahi rulers. This great complex was protected by walls with 87 semi-circular bastions, and eight gates studded with iron spikes to prevent them being broken down by war-elephants.

Der Charminar, das Wahrzeichen Hyderabads, ist eines der bedeutendsten muslimischen Bauwerke Indiens. Er bildet das Zentrum des Charminarviertels, das vor allem durch die islamische Kultur geprägt ist.

The Charminar, the landmark of Hyderabad, is one of the most important Muslim buildings in India. It forms the centre of the Charminar quarter, which is characterised above all by the Islamic culture.

Kreuzfahrt auf Keralas Backwaters, einem weit verzweigten Netz von malerischen Lagunen, Seen und flachem Schwemmland, welches sich zwischen Kollam, Kochi und Kottayam erstreckt.

Cruise on Kerala's backwaters, an extensive and intricate network of picturesque lagoons, lakes and flat flood plain, which lies between Kollam, Kochi and Kottayam.

Chinesische Fischernetze in Kochi, dem wichtigsten Umschlagplatz für Gewürze und Meeresfrüchte. Bereits zwischen 1350 und 1450 spannte man diese Netze, die ein Überbleibsel der früheren Handelsbeziehungen zwischen China und Indien sind.

Chinese fishing nets in Kochi, the most important trading point for spices and seafood. Such nets started to be used between 1350 and 1450, and are a hangover from the earlier trade relationships between China and India.

Tropische Vegetation im Hinterland von Kerala. Die noch dicht bewaldeten Gebirgszüge von Kerala fallen nach Westen über eine Hügellandschaft zur fruchtbaren Küstenebene am Arabischen Meer ab.

Tropical vegetation in the hinterland of Kerala. The still thickly wooded mountain ranges of Kerala fall away to the west over a hilly landscape, ending at the fertile coastal plain on the Arabian Sea.

Einmal im Jahr zum Neumond im Monat April findet in Thrissur eines der eindrucksvollsten Volksfeste Indiens statt: das Pooram Fest. Reich geschmückte Elefanten ziehen dann durch überfüllte Straßen, begleitet von Musikern, die die Besucher mit Trommeln und Blasinstrumenten in einen tranceähnlichen Zustand versetzen.

Once a year, at the time of the new moon in April, one of India's most impressive popular festivals is held in Thrissur: the Pooram Festival. Richly decorated elephants then proceed through the overflowing streets, accompanied by musicians who put the visitors into a trance-like state with their drums and wind instruments.

Kanchipuram zählt zu einer der sieben heiligen Stätten des Hinduismus und ist der Legende nach die schönste Stadt des alten Indien. Sie bestand bereits in vorchristlicher Zeit und diente den Pallava-Königen 500 Jahre lang als Hauptstadt. Als bedeutendes Lehrzentrum trafen hier jainistische, buddhistische und hinduistische Kultur zusammen. Kailansanatha ist der älteste und schönste Tempel von Kanchipuram. Der überwiegend aus Sandstein bestehende Tempel wurde im 7. Jahrhundert zu Ehren Shivas erbaut. Er gilt als einer der herausragenden Beispiele frühester südindischer Tempelarchitektur.

Kanchipuram is one of the seven holy places of Hinduism, and according to legend is the most beautiful city of old India. It was already established in pre-Christian times, and for over 500 years was the capital of the Pallava kings. As the most important centre of learning, the Jain, Buddhist and Hindu cultures all came together here. Kailansanatha is the oldest and most beautiful temple of Kanchipuram. Built largely of sandstone, the temple was constructed in the 7th century in honour of Shiva. It is considered one of the outstanding examples of early southern Indian temple architecture.

Madurai ist eines der kulturellen Zentren des tamilischen Volkes und verfügt über ein reiches, etwa 2500 Jahre altes kulturelles Erbe. Der große Meenakshi-Tempelkomplex ist Shiva und seiner Gefährtin Parvati geweiht. Er wurde von den Pandya (7. bis 10. Jahrhundert) errichtet und von den nachfolgenden Dynastien vom 14. bis 18. Jahrhundert erweitert.

Madurai is one of the cultural centres of the Tamil people, and has a rich cultural heritage going back around 2,500 years. The vast Meenakshi Temple complex is dedicated to Shiva and his partner Parvati. It was constructed by the Pandya (7th – 10th century), and further extended by the following dynasties from the 14th – 18th century.

Meenakshi-Tempelkomplex in Madurai.

Meenakshi Temple complex in Madurai.

Einer der größten und vollständigsten Tempelkomplexe in Tamil Nadu ist der majestätische Sri-Ranganatha-Tempel in der Nähe von Tiruchirapalli. Dieser Tempel ist ein Paradebeispiel einer vollständigen Tempelstadt. Über einen Zeitraum von vier Jahrhunderten erbaut, beherrscht der Komplex zweiundzwanzig Tore und ist begrenzt durch sieben Grenzwälle. Im Inneren befindet sich das Heiligtum mit einer Figur von Vishnu als Ranganatha.

One of the largest and most complete temple complexes in Tamil Nadu is the majestic Sri-Ranganatha Temple near Tiruchirapalli. This temple is a prime example of a complete temple city. Built over a period of four centuries, the complex has twenty-two gates and is bounded by seven ramparts. Inside is the sanctum with a figure of Vishnu as Ranganatha.

Es waren die Briten, die im 19. Jahrhundert mit aus China importierten Samen den ersten Tee in Indien anbauten. Die bergigen Hochplateaus der südlichen Nilgiris bieten auf 2000 Metern Höhe ideale Wachstumsbedingungen für den Teestrauch.

It was the British who first cultivated tea in India in the 19th century with seedlings imported from China. The high mountain plateaus of southern Nilgiri offer ideal growing conditions for the tea plant at an altitude of 6,500 ft.

Der Osten

Tempel, Tiger und Tee

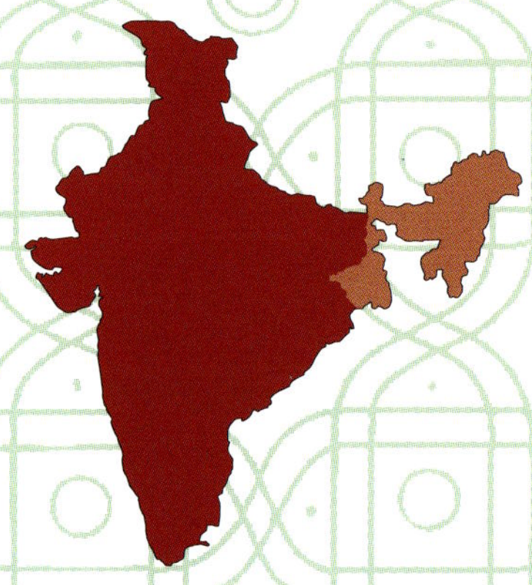

The East

Temples, tigers and tea

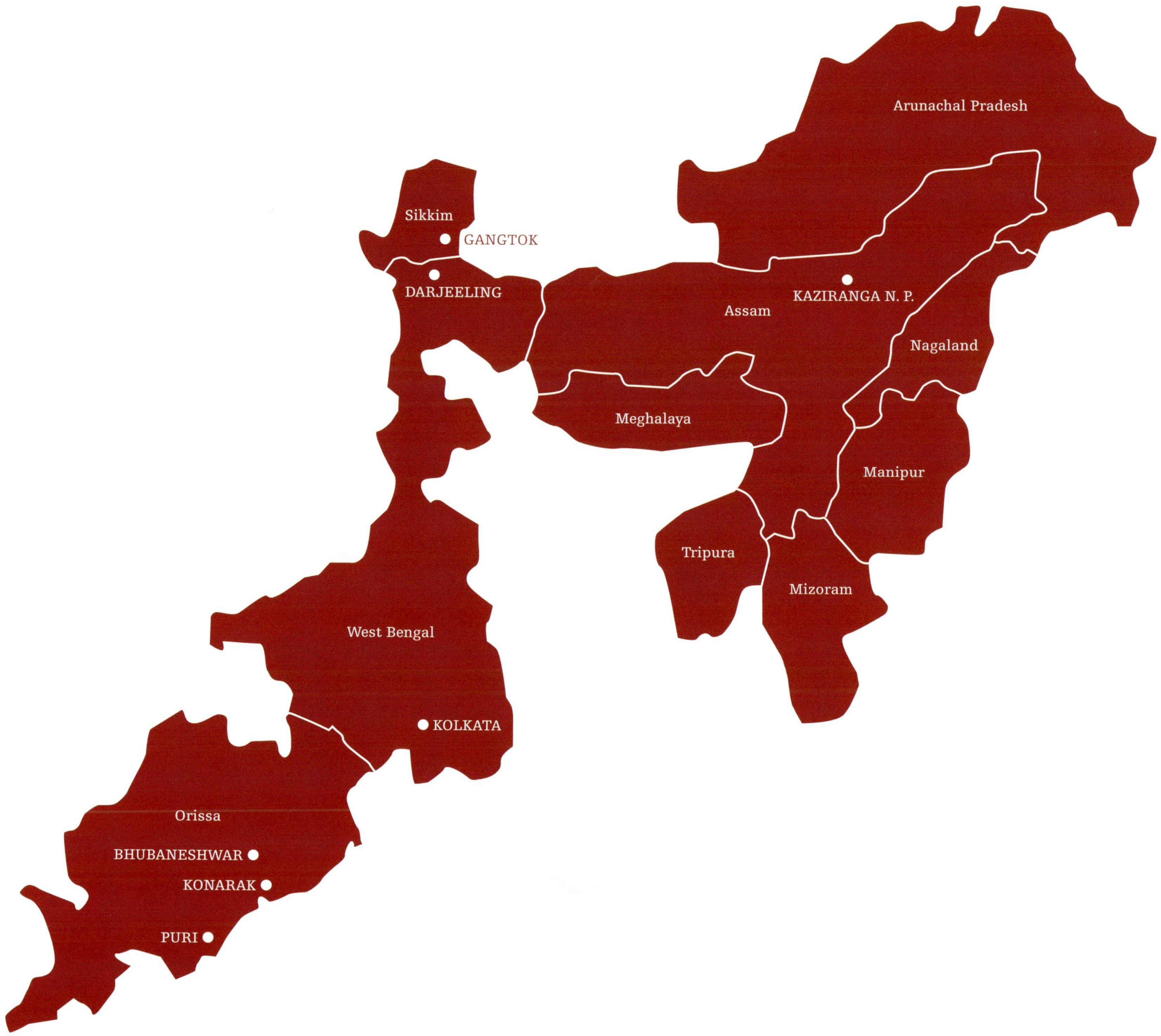
Arunachal Pradesh
Sikkim
GANGTOK
DARJEELING
Assam
KAZIRANGA N. P.
Nagaland
Meghalaya
Manipur
Tripura
Mizoram
West Bengal
KOLKATA
Orissa
BHUBANESHWAR
KONARAK
PURI

Tempel, Tiger und Tee

Abgelegene kleine Dörfer in Sikkim, die an steilen Berghängen kleben. Stau und Menschenmassen in Kolkata, einer der dreckigsten Städte der Welt. Auf schier endlosen Teeplantagen ernten Pflücker bei Darjeeling die kostbaren Blätter, Panzernashörner suchen sich im Kaziranga-Nationalpark ihr Mittagessen, während in den Callcentern Kolkatas Telefonate im Akkord abgefertigt werden. Und während im hinduistischen Jagannath-Tempel in Puri Pilger vor dem Heiligtum knien und Rucksacktouristen sich östlich der Stadt am feinsandigen Strand von den Strapazen der Reise erholen. Der Osten Indiens, das sind glasklare Luft und Smog. Das ist die fruchtbare Ganges-Ebene und der immer schneebedeckte Kanchenjunga, der dritthöchste Berg der Welt. Einsamkeit der Berge und unentwegte Pilgerströme. Primitive Landwirtschaft und Hightech. Das sind die Bundesstaaten Sikkim, Assam, Westbengalen und Orissa.

Sikkim

Pinienwälder, türkisfarbene Seen, Farne, Orchideen, Bambus, Kirschbäume, Schmetterlinge, plätschernde Bäche, leuchtende Rhododendren, terrassierte Reisfelder, abgelegene buddhistische Klöster mit bunten Gebetsfahnen, die im Wind flattern. Dahinter die Achttausender des Himalaja. Lange galt Sikkim als eines der letzten Shangri-Las auf der Welt. Die Quelle des Glücks. Dies liegt an der Abgeschiedenheit und der majestätischen Gebirgslandschaft, an der vielfältigen Pflanzenwelt und an den alten Klöstern. Berggötter, Natur und Menschen scheinen – meistens – in Harmonie miteinander zu leben.

Eingequetscht wie ein Puffer liegt der kleinste indische Bundesstaat zwischen Nepal, Tibet und Bhutan. Abgeschieden und schwer zugänglich. Als Ureinwohner Sikkims gelten die Lepchas, die etwa im 13. Jahrhundert aus Assam eingewandert sind. Friedliche Waldmenschen, die Naturgeister verehren, zur Jagd gehen und kleine Felder anlegen, um sich selbst zu versorgen. Während des 15. und 16. Jahrhunderts kommen Tibeter nach Sikkim, die Lepchas ziehen sich zurück in einsame Berggegenden. 1641 wird Sikkim Königreich, damals verlaufen die Landesgrenzen noch anders, aber durch viele Grenzkonflikte verliert Sikkim an Territorium. Im 19. Jahrhundert mischen sich die Engländer immer mehr in die inneren Angelegenheiten ein. Und 1861 wird Sikkim englisches Protektorat, was die Tibeter missbilligen. Doch gegen die militärische Übermacht der Engländer haben sie keinerlei Chancen. Die Engländer ermuntern nun Nepalesen zur Auswanderung nach Sikkim, wie sie es zuvor bereits erfolgreich in Darjeeling gemacht haben. Viele Nepalesen kommen, und sie brauchen viel Weide- und Ackerland. Immer mehr der dichten Bergwälder werden abgeholzt. Mittlerweile stellen die Nepalesen 75 Prozent der Bevölkerung, die 1973 gegen das Königreich putschen. Danach lässt die indische Regierung eine Volksabstimmung durchführen, in der sich 97 Prozent der Bevölkerung für den Anschluss Sikkims an Indien aussprechen. Seit 1975 bildet Sikkim den 22. Staat der Indischen Union. Seither befindet sich auch der 8579 Meter hohe Kanchenjunga auf indischem Staatsgebiet, der nach dem Mount Everest und dem K2 dritthöchste Berg der Erde. Wobei der Kanchenjunga nicht nur ein Berg, sondern auch der Schutzgott Sikkims ist.

Assam

Assam und Tee gehören zusammen. Kein Wunder, denn in Assam liegt das größte zusammenhängende Tee-Anbaugebiet der Welt. Was für ein Tee! Er gilt als einer in der Spitzenklasse. Im Jahr 1823 wurden wild wachsende Teesträucher entdeckt. Eine Sensation, denn bisher glaubte man, diese gäbe es nur in China und Japan. Die robuste Gattung „thea assamica“ mit ihren großen Blättern wurde von den Engländern mühsam im feucht-heißen Klima am Brahmaputra-Fluss im unwegsamen Dschungel kultiviert. Die Menschen in Assam verweigerten die Arbeit auf den Plantagen, daher wurden Ende des 18. Jahrhunderts Hunderttausende aus Bihar und Orissa angeworben.

Sowohl in Assam als auch in Darjeeling legt man Wert auf sanfte Verarbeitungsmethoden. Dabei werden die Blätter während eines 15-stündigen Welkverfahrens auf einem Rost ausgelegt und durch eine Turbine luftgetrocknet. Danach erfolgen die genau aufeinander abgestimmten Schritte des Rollens, Siebens und Fermentierens.

Lange vor den Teeplantagen waren die Ahom, ein Stamm aus Burma, in Assam. Im 13. Jahrhundert eroberten sie die Region, nahmen den Hinduismus an und gründeten eine Dynastie, die 17 Invasionen der Mogule abwehrte und die bis 1826 bestand. Die Dynastie zerfiel nach und nach, bis eine fünfjährige Invasion der Burmesen, die ein Drittel der Bevölkerung töteten, sie endgültig untergehen ließ. Später vertrieben die Briten die Burmesen und annektierten das Königreich Ahom.

Untergrundorganisationen bildeten sich, die mit terroristischen Anschlägen für die Unabhängigkeit kämpften. Zur Eskalation kam es Mitte der Achtziger Jahre des letzten Jahrhunderts durch die Zuwanderung Zigtausender Bangladeschis. In regelrechten Massakern wurden Tausende auf offener Straße abgeschlachtet.

Geradezu friedlich geht es dagegen in den beiden Wildreservaten Kaziranga und Manas zu, die die seltenen einhörnigen Indischen Nashörner beheimaten. Am sumpfigen Ufer des Brahmaputra fühlen sich die Nashörner wohl. Vor hundert Jahren galt das Nashorn, das wegen seines Horns bei Wilderern ganz oben auf der Abschussliste stand und steht, als ausgestorben. Einst war das Nashorn über die nördlichen Ebenen des Subkontinents verbreitet, mittlerweile ist sein Bestand von nahe Null auf immerhin weltweit auf 1000 bis 1500 angewachsen. Wenn sich der Nebel mit der höhersteigenden Sonne auflöst, den Blick auf die schneebedeckten Himalajaberge freigibt und wenn aus dem hohen Elefantengras ein Nashorn auftaucht, dann ist das ein ganz spezielles Bild von Indien.

Westbengalen

Kolkata, die Hauptstadt Westbengalens, erweckt Bilder von Hunger, Krankheit, Elend, Tod. Kein Wunder bei den behelfsmäßigen Behausungen aus Plastikplanen, die von ein paar Steinen gehalten werden. Gleich daneben Berge von Müll, aber auch eine Straßenschule. Schreiner, Anstreicher, allesamt Tagelöhner, bieten ihre Dienste an. Auf den Straßen Kolkatas geht nichts mehr. Eingekeilt zwischen stinkenden Lastwagen und alten Ambassadors sind die Rikscha-Fahrer den Abgasen schutzlos ausgeliefert. Man schätzt, dass drei Viertel von Kolkatas Rikscha-Fahrern an Tuberkulose erkrankt und außerdem mangelernährt und ohne Abwehrkräfte sind. Und dann auch noch diese mörderisch feuchte Hitze. Neben einer hochmodernen Tiefgarage liegt ein Leichnam mit einem Tuch bedeckt, Trauernde beklagen seinen Tod, daneben wäscht sich ein Mann an einem Hydranten. Er besitzt nichts außer einem Blechnapf und einer dreckverkrusteten Bastmatte. Kolkata ist täglicher Überlebenskampf. Eine Albtraumstadt. Und dennoch scheint sie vor Lebenslust zu beben. Optimismus, Vitalität, Humor und Kreativität zeichnen die Bengalis aus. Nirgendwo in Indien wird so ausgelassen gefeiert und gelacht, wird so intensiv debattiert. Kolkata ist auch Hochburg der indischen Intellektuellen und Revolutionäre, ist Kultur- und Kunstmetropole. Nirgendwo werden mehr künstlerisch ambitionierte Filme gedreht, mehr Literaturzeitschriften gedruckt und gelesen, nirgendwo gibt es so viele Theater. Kolkata ist Indien im Brennglas, alle Schönheiten und Scheußlichkeiten finden sich hier auf engstem Raum.

Einst von den Briten für maximal eine Million Menschen geplant, platzt die Stadt mit mehr als 13 Millionen längst aus allen Nähten. Kanalisation gibt es nur im Stadtzentrum, sodass zur Monsunzeit die Straßen mit von Exkrementen durchsetztem Hochwasser überspült werden. Der massive Zustrom von Flüchtlingen und die Bevölkerungsexplosion führten dazu, dass Kolkata zu einem Chaos wurde. Das Werk von Mutter Teresa und ihren Ordensschwestern, die sich der Ärmsten der Armen annahmen, geriet mehr und mehr in den Blickpunkt der Weltöffentlichkeit und legte das Unheil der Stadt dar. Bis heute ist Kolkata eine der Städte mit dem schlechtesten Image.

Doch Westbengalen ist mehr als Kolkata. Das sind auch die Teeplantagen um Darjeeling, das sind Baumwollfelder und Mangoplantagen, das Living Art Museum, das sind die Paläste von Murshidabad, die Ruinen der Moscheen in Malda, die buddhistischen Klöster bei Kalimpong. Und das sind die Bauls, Wandersänger, die von Dorf zu Dorf ziehen und Lieder für ein paar Rupien oder eine freie Mahlzeit singen. Ein Dasein auf Wanderschaft. Am Rande der Gesellschaft lebend, betrachten sie diese von außen und nehmen, was sie sehen, in ihre Liedtexte auf – manchmal humorvoll, immer aber mit spiritueller Botschaft.

Zu Westbengalen gehört auch das Sunderbans-Tierschutzgebiet, eine amphibische Welt aus Kanälen, Mangrovenwäldern, Inseln und kleinen Dörfern, im Mündungsbereich von Ganges, Brahmaputra und Meghua. Ein gigantisches Flussdelta. Und ein Schutzgebiet für den Bengalischen Tiger. Doch nicht alle freuen sich über die Großkatzen. Vor allem nicht die Honigsammler, die sich tief ins Mangroven-Dickicht wagen, um ihr kostbares Gut zu ernten. Jährlich bezahlen bis zu 20 Sammler durch Tigerangriffe ihren Beruf mit dem Leben.

Orissa

Der Bundesstaat Orissa ist von allen Seiten von Natur umgeben. Im Osten vom Meer, im Westen von den schwer zu durchdringenden Bergen des Ost-Ghats und im Norden und Süden überschwemmen große Flüsse das Land. Dadurch und durch die regelmäßigen Überschwemmungen der Küstenregion sowie die verheerenden Unwetter, gelang es kaum einem Eroberer, sich langfristig in Orissa zu halten. Orissa ist ländlich geprägt, wenn auch die Landwirtschaft oft durch Naturkatastrophen durcheinandergebracht wird. Orissa besitzt viele Tempel, ausgesprochen viele. So lautet der Beinamen der Hauptstadt Bhubaneswar auch „Temple City of India“, fast alle stammen aus dem 8. bis 12. Jahrhundert. 7000 davon gab es früher, heute sind noch 500 Tempel in der Stadt erhalten. Der bedeutendste ist der Lingaraja-Tempel, steingewordenes Zeugnis einer höfischen Kultur, in der Frömmigkeit, Herrschaftsanspruch und Lebenslust zugleich ihren Ausdruck gefunden haben. Trotz ihres Alters faszinieren die Skulpturen, die überall zu sehen sind, auch heute noch durch ihre scheinbar unverbrauchte Frische. Die Skulpturen sind es auch, die den Sonnentempel in Konarak so beliebt machen. Da gibt es in Stein gehauene Tänzer mit hochhackigen Schuhen oder einen Mann, der versucht, seine Geschlechtskrankheit selbst zu heilen – sogar eine Giraffe ist in Stein verewigt. Eine Giraffe in Indien! 12000 Arbeiter sollen den Sonnentempel in zwölf Jahren fertiggestellt haben. Ein gewaltiger Tempel, der so angelegt wurde, dass die ersten Sonnenstrahlen auf das Haupttor fallen. Der Legende nach soll Samba, Krishnas Sohn, von seinem Vater ertappt worden sein, wie er seine Stiefmutter heimlich beim Baden beobachtete. Der erzürnte Krishna bestrafte ihn mit Lepra. In seiner Not wandte sich Samba an den Sonnengott Surya, nur von ihm war Heilung zu erwarten. Surya ließ sich zwölf Jahre bitten, ehe er sich erbarmte und Samba seine Gesundheit zurückgab.

Puri ist für Hindus eine ihrer heiligsten Stätten. Anziehungspunkt für täglich Tausende von Pilgern. Sie alle wollen zum Jagannath-Tempel, einem der meistbesuchten und vermögendsten in ganz Indien. Ununterbrochen, 365 Tage im Jahr, strömen die Pilger zum Tempel, der dem Herrn des Universums gewidmet ist. Mit seinem 59 Meter hohen Tempelturm ist er nicht nur der optische Mittelpunkt der Stadt, sondern auch entscheidender Wirtschaftsfaktor. Abgesehen von unzähligen Devotionalienhändlern, Hotel- und Restaurantbesitzern soll die Tempelverwaltung allein mehr als 6000 Menschen beschäftigen. Die immensen Einnahmen investiert die Tempelverwaltung vor allem in Ländereien, und sie ist einer der größten Grundbesitzer Orissas.

Temples, tigers and tea

Remote tiny villages in Sikkim, which cling to the steep mountain slopes. Traffic jams and masses of humanity in Kolkata, one of the filthiest cities in the world. On apparently endless tea plantations around Darjeeling, the pickers harvest the aromatic leaves, Indian rhinos forage for their lunch in the Kaziranga National Park, while in the call-centres of Kolkata, the telephones ring incessantly. In the Hindu Jagannath Temple in Puri, pilgrims kneel before the shrine, and backpackers recover from the efforts of the journey on the fine sandy beach to the east of the city. The east of India, crystal-clear air and smog. The fertile Ganges plain and the eternally snow-covered Kanchenjunga, the third-highest mountain in the world. The loneliness of the mountains and the constant flow of pilgrims. Primitive agriculture and high-technology. The states of Sikkim, Assam, West Bengal and Orissa.

Sikkim

Pine forests, turquoise-coloured lakes, ferns, orchids, bamboo, cherry trees, butterflies, splashing streams, bright rhododendron, terraced rice paddies, remote Buddhist monasteries with brightly-coloured prayer flags fluttering in the wind. And in the background, the 26,000 ft. high peaks of the Himalayas. Sikkim was long considered as one of the last Shangri-Las in the world. The wellspring of happiness. This comes from the seclusion and the majestic mountain landscape, the varied plant life and the old monasteries. Mountain gods, nature and people appear – mostly – to live together in harmony.

Squeezed like a buffer between Nepal, Tibet and Bhutan lies the smallest Indian state. Isolated and with difficult access. The original inhabitants of Sikkim are thought to be the Lepchas, who migrated here from Assam around the 13th century. Peaceful forest-dwellers, who worshipped spirits of nature, hunted and cultivated small fields to supply their needs. During the 15th and 16th centuries, Tibetans arrived in Sikkim, and the Lepchas withdrew into the lonely mountain regions. In 1641 Sikkim became a kingdom, and although the borders of the country were different at that time, Sikkim lost territory through many border conflicts. In the 19th century, the British became increasingly involved in the internal affairs of the state, and in 1861 Sikkim became a British protectorate, which was severely condemned by the Tibetans. But they had no chance against the military superiority of the British. The British now encouraged Nepalese to emigrate to Sikkim, as they had already done successfully in Darjeeling. Many Nepalese came, and they needed a great deal of pasture and farmland. More and more of the dense mountain forests were cleared. The Nepalese now make up 75% of the population, and in 1973 they launched a coup against the kingdom. The Indian government then had a plebiscite held, in which 97% of the population voted for the union of Sikkim with India. Since 1975, Sikkim has been the 22nd state of the Indian Union. Since then also, the 28,146 ft. high Kanchenjunga has been on Indian territory, after Mount Everest and K2 the third-highest mountain in the world. Kanchenjunga is not only a mountain, but also the protective god of Sikkim.

Assam

Assam and tea go together like strawberries and cream. No wonder, because in Assam lies the largest single area of tea cultivation in the world. And what a tea! It is commonly held to be one of the top class. Wild-growing tea bushes were discovered here in the year 1823, causing a sensation, because these were previously thought to exist only in China and Japan. The robust species "thea assamica" with its large leaves was laboriously cultivated by the British in the moist and humid climate and inaccessible jungle around the Brahmaputra River. The people of Assam refused to work in the plantations, so at the end of the 18th century, hundreds of thousands of workers were recruited from Bihar and Orissa.

Both in Assam and Darjeeling, great value is placed on gentle processing methods. The leaves are laid out on a grille during a 15-hour wilting process and air-dried by a turbine. This is followed by the carefully controlled steps of rolling, screening and fermentation.

The Ahom, a tribe from Burma, were in Assam long before the tea plantations. In the 13th century they conquered the region, adopted the Hindu religion and founded a dynasty which withstood 17 Mogul invasions, and continued in existence until 1826. The dynasty gradually fell into decline, until a 5-year invasion by the Burmese, who slaughtered one third of the population, finally brought about their downfall. The British later drove out the Burmese and annexed the Kingdom of Ahom.

Underground organisations formed, who fought for independence with terrorist attacks. The situation escalated in the mid-1980's with the influx of thousands of Bangladeshis. Thousands were killed on the streets in regular massacres.

Peace reigns however in the two wildlife reserves of Kaziranga and Manas, which are home to the rare one-horned Indian rhinoceros. The rhino feel at home on the swampy banks of the Brahmaputra. A hundred years ago, this sub-species of rhino was thought to be extinct, since it stood, and still stands, at the top of the hit-list of poachers because of its horn. Rhinos were once widespread over the northern plains of the sub-continent, although their numbers have now increased from the brink of extinction, although still only to 1,000 to 1,500 worldwide. When the mist clears under the rays of the rising sun, revealing the view of the snow-capped Himalayas, and a rhinoceros appears out of the tall elephant grass, this makes one of the unique sights of India.

West Bengal

Kolkata, the capital of West Bengal, arouses images of hunger, disease, misery and death. No wonder, in view of the makeshift dwellings of plastic sheeting held down by a few stones. Beside them rise mountains of waste, but also a street school. Carpenters, painters, all day-labourers, offer their services. On the streets of Kolkata, nothing much works any more. Wedged in between stinking trucks and old Ambassador cars, the rickshaw drivers are mercilessly exposed to the fog of exhaust fumes. It is estimated that three-quarters of Kolkata's rickshaw drivers suffer from tuberculosis, and are also under-nourished and with little immunity. This is compounded by the murderously humid heat. Next to a modern underground garage lies a corpse covered with a sheet, mourners bewail his death, while nearby, a man washes himself at a hydrant. His possessions consist of nothing more than a tin bowl and a dirt-encrusted raffia mat. Kolkata is a daily struggle for survival. A nightmare city. And yet it seems to throb with the lust for life. Optimism, vitality, humour and creativity are all characteristic traits of the Bengalis. Nowhere else in India are people so ready to laugh and celebrate, or debate matters intensively. Kolkata is also a stronghold of Indian intellectuals and revolutionaries, a metropolis of art and culture. Nowhere else are more artistically ambitious films made, more literary periodicals printed or read, nowhere else are there so many theatres. Kolkata is India under the magnifying glass, every form of beauty and dreadfulness can be found here side by side.

Originally planned by the British for a maximum population of one million people, the city has long been bursting at the seams with a population of over 13 million. Only the city centre has a sewer system, so that in the monsoon season, the streets are awash with floodwater full of excrement. The massive influx of refugees and the population explosion have brought Kolkata to the point of chaos. The work of Mother Teresa and her sisters, who devoted themselves to the poorest of the poor came increasingly into the spotlight of world publicity and revealed the calamitous state of the city. Kolkata remains today one of the cities with the worst image.

But West Bengal is more than just Kolkata. It is also the tea plantations around Darjeeling, the cotton fields and mango plantations, the Living Art Museum, the palaces of Murshidabad, the ruins of the mosques in Malda, the Buddhist monasteries at Kalimpong. And the Bauls, wandering singers, who go from village to village, singing songs for a few rupees or a free meal. A travelling existence. Living on the margins of society, they observe it from the outside, and incorporate what they see into the lyrics of their songs – sometimes humorously, but always with a spiritual message.

West Bengal also contains the Sunderbans wildlife sanctuary, an amphibious world of canals, mangrove forests, islands and small villages, in the estuary region of the Ganges, Brahmaputra and Meghua. A gigantic river delta. And a sanctuary for the Bengal tiger. But not all welcome these big cats, and particularly the honey-gatherers, who make their way into the mangrove thickets to harvest this tasty commodity. Every year, up to 20 honey-gatherers pay for their profession with their lives due to tiger attacks.

Orissa

The state of Orissa is surrounded on all sides by nature. In the east by the sea, in the west by the almost impenetrable mountains of the Eastern Ghats, and in the north and south great rivers flood the countryside. For this reason, and because of the regular flooding of the coastal region and the devastating storms, hardly any aggressor has been able to maintain a foothold in Orissa for long. Orissa is rural in character, even though its agriculture is often laid waste by natural catastrophes. Orissa has a huge number of temples, which has earned the capital, Bhubaneswar, the nickname of the "Temple City of India". Almost all date from the 8th to the 12th century. In earlier times there were 7,000 of them, but today only 500 temples remain in the city. The most important of them is the Lingaraja Temple, the stone manifestation of a courtly culture which simultaneously gave expression to piety, the claim to power and the lust for life. Despite their age, the sculptures which can be seen everywhere are still fascinating today for their apparently unworn freshness. It is also the sculptures which make the Sun Temple in Konarak so popular. Here there are dancers hewn in stone, with high-heeled shoes, and a man, who is trying to cure his venereal disease himself – there is even a giraffe immortalised in stone. A giraffe in India! The Sun Temple is supposed to have taken 12,000 labourers 12 years to complete. A huge temple, which was laid out so that the first rays of the rising sun fall on the main gate. According to legend, Samba, Krishna's son, is supposed to have been caught by his father, as he secretly watched his stepmother bathing. The enraged Krishna punished him with leprosy. In his distress, Samba turned to the sun god Surya, the only one who might be able to cure him. Surya had to be entreated for twelve years before he took pity and restored Samba to health.

Puri is one of the holiest places of the Hindus. A centre of attraction for thousands of pilgrims every day. They all want to get to the Jagannath Temple, one of the most-visited and richest in all India. For 365 days per year, an uninterrupted stream of pilgrims makes its way to the Temple, which is dedicated to the Lord of the Universe. With its 193 ft. high temple spire, it is not only the visual centre-point of the city, but also an important economic factor. Apart from the countless sellers of devotions, hotel and restaurant owners, the temple administration alone is supposed to employ more than 6,000 people. The temple administration invests its immense income mainly in land and estates, and it is one of the largest landowners in Orissa.

Berühmt ist Assam für seinen Tee, der 60 Prozent der gesamten indischen Teeproduktion ausmacht. Assam ist das größte zusammenhängende Teeanbaugebiet der Welt.

Assam is famous for its tea, which makes up 60 % of total Indian tea production, making Assam the largest contiguous tea cultivation region in the world.

Der prächtige Lingaraj-Tempel in Bhubaneswar, der Hauptstadt von Orissa, stammt aus dem 11. Jahrhundert und markiert den Höhepunkt des Orissa-Stils in perfekter Harmonie.

The magnificent Lingaraj Temple in Bhubaneswar, the capital of Orissa, dates from the 11th century, and marks the zenith of the Orissa style in perfect harmony.

Teepflückerinnen in den fruchtbaren Feldern von Orissa.

Tea-pickers in the fertile fields of Orissa.

Der Sonnentempel von Konarak, ein UNESCO-Weltkulturerbe, wurde im 13. Jahrhundert erbaut. 1200 Handwerker und Künstler sollen 16 Jahre daran gebaut haben und die gesamten Provinzeinnahmen sollen durch den Bau beansprucht worden sein. Das dem Sonnengott Surya gewidmete architektonische Wunderwerk ist mit 24 achtspeichigen Rädern versehen, die von sieben Pferden gezogen werden. Jeder Zentimeter der achtspeichigen Räder zeigt filigrane Steinmetzkunst.

The Sun Temple of Konarak, a UNESCO world cultural heritage site, was built in the 13th century. 1,200 craftsmen and artists are supposed to have worked on the building for 16 years, and the project is said to have cost the complete income of the province. This architectural masterpiece is provided with 24 eight-spoked wheels, which are drawn by seven horses, and is dedicated to the sun god Surya. Every centimetre of the eight-spoked wheels displays the delicate art of the stonemason.

Puri ist eines der wichtigsten Pilgerzentren Indiens. Puris Hauptstraße verläuft vom Hauptheiligtum, dem Jagannath-Tempel, durch die Stadt. Hier reihen sich Geschäfte aneinander, in denen Essen, religiöse Objekte und Kunsthandwerk verkauft werden.

Puri is one of the most important pilgrimage centres in all India. Puri's main street runs from the main sanctum, the Jagannath Temple, through the town. The street is lined by shops selling food, religious objects and artefacts.

Der Jagannath-Tempel in Puri mit dem Rad und der Fahne Vishnus. Der mit 65 Metern hoch aufragende Turm diente einst Seefahrern aus Europa zur Orientierung.

The Jagannath Temple in Puri with the wheel and the banner of Vishnu. The 200 ft. high tower was in earlier times used by seafarers from Europe as a navigation landmark.

Die fünf Gipfel des Kanchenjunga, dem dritthöchsten Berg der Erde, zwischen Nepal und dem indischen Bundesstaat Sikkim.

The five peaks of Kanchenjunga, the third-highest mountain on earth, between Nepal and the Indian state of Sikkim.

Die heiligen Bücher des Klosters Yiga Choeling in der Nähe von Darjeeling.

The holy scriptures of the Yiga Choeling Monastery near Darjeeling.

Darjeeling am Fuße des Himalaja mit dem Mount Kanchenjunga im Hintergrund. Tenzing Norgay, dem als Sherpa zusammen mit Edmund Hillary die Besteigung des Mount Everest 1953 gelang, war Leiter des Himalaja Mountaineering Institute in Darjeeling.

Darjeeling at the feet of the Himalayas with Mount Kanchenjunga in the background. Sherpa Tenzing Norgay, who together with Edmund Hillary became the first to climb Mount Everest in 1953, was the director of the Himalaya Mountaineering Institute in Darjeeling.

GAMPOPA CLINIC

Yiga Choeling ist das einzige alte Gelbmützenkloster.

Yiga Choeling is the only old monastery of the Yellow Hat Order.

Kolkata. Die edelsteinbesetzte Skulptur des 10. Tirthankara Shitalanatha. Die geistigen Führer des Jainismus werden als Furtbereiter (Tirthankara) bezeichnet, die eine Mittlerfunktion zwischen der materiellen und spirituellen Welt wahrnehmen.

Kolkata. The jewel-encrusted sculpture of the 10th Tirthankara Shitalanatha. The spiritual leaders of Jainism are referred to as ford-builders (Tirthankara), who fulfil a mediating function between the material and the spiritual world.

Jain Tempel Shitalanatha in Kolkata, eine im italienischen Barockstil erscheinende Kombination aus Tempel und Mogul-Palast.

The Jain Shitalanatha Temple in Kolkata, an Italian Baroque style combination of temple and Mogul palace.

Als ich als Kind Zeichentrickfilme von zwei Jungen sah, die ihren Onkel aus den Fängen eines Zauberers aus einem indischen Tempel befreiten, war ich neugierig auf diese mystische Welt geworden. Jahrzehnte später empfahl mir eine indische Mandantin, die ein Reisebüro innehatte, einmal Rajasthan – das Land der Götter – zu besuchen.

Viele Male habe ich seitdem Rajasthan und den Subkontinent Indien besucht, und bin seitdem von der einzigartigen Kultur und der Liebenswürdigkeit der Menschen, die jeden in den Bann zieht, gefangen genommen. Derjenige, der dorthin reist, muss jedoch für das Abenteuer Indien empfangsbereit sein, sonst erschließt sich dieses Märchen aus 1001 Nacht nicht. Für mich strahlt kaum ein Land der Erde eine solche mystische Faszination aus; denn das Geheimnis der Magie Indiens liegt in seiner Vergangenheit, die voller Tradition ist, was sich in den wunderschönen Tempeln, Forts und Palästen, dem Brauchtum der Menschen, den altehrwürdigen Handwerkskünsten, den Festen, den Düften und den Farben der Märkte widerspiegelt.

Schon vor mehr als 100 Jahren hat Mark Twain seine Empfindungen zu Land und Leuten in seiner „Weltreise nach Indien" zum Ausdruck gebracht: „Ja, das ist Indien! Das Land der Romantik und der Träume, wo fabelhafter Reichtum und fabelhafte Armut wohnen, das Land der Pracht und der Herrlichkeit, der Lumpen, der Paläste und elenden Hütten, der Pest und Hungersnot, der Schutzgeister und Riesen, wo Aladins Lampe, Tiger, Elefanten, die Kobra, der Dschungel zu finden sind, wo hunderterlei Völker in hunderterlei Sprachen reden, das tausend Religionen und zwei Millionen Götter hat. Indien ist die Wiege des Menschengeschlechts, der Geburtsort der menschlichen Sprache, die Mutter der Geschichte, die Großmutter der Sage, die Urgroßmutter der Überlieferung; was für andere Völker graues Altertum ist, zählt zu Indiens jüngster Vergangenheit. Es ist das einzige Land unter der Sonne, das für den Fürsten und den Bettler, den Gebildeten und den Unwissenden, den Weisen und den Toren, den Sklaven und den Freien den gleichen, unzerstörbaren Reiz besitzt. Alle Menschen möchten es sehen, und wer es einmal auch nur flüchtig geschaut hat, würde die Wonne dieses Anblicks nicht für all das Gepränge eintauschen, das der gesamte übrige Erdball zu bieten vermag."

Für Mark Twain war Indien das Land der Romantik und Träume, für mich stellt sich Indien als das Land der Götter, Feste und Paläste dar. Die Vielzahl von Sprachen, Kulturen, Festen und Glaubensrichtungen, die von der Geschichte geprägt sind, haben zu einer faszinierenden Mischung des Lebens geführt. Ich habe versucht, auf dem indischen Subkontinent eine große Anzahl von göttlichen und weltlichen Bauwerken fotografisch zu erfassen; es ist jedoch nahezu unmöglich, all diese Schätze von unvorstellbarer Prächtigkeit zu entdecken.

Jüngste Nachrichten berichten von gerade entdeckten Schätzen in einem aus dem 16. Jahrhundert stammenden Hindutempel, in dem mehr als 130 Jahre die Kammern verschlossen blieben. Unglaubliche Kostbarkeiten wie Diamanten, Rubine, Smaragde, Gold und Silber sind dort gefunden worden. Ein Tempelbeamter der Hindu-Kultstätte Sri Padmanabhaswamy im südindischen Unionsstaat Kerala sagte, der Schatz enthalte seltene und wertvolle Steine. Nach einem Bericht der Zeitung „Hindustan Times" im Monat Juli 2011 wurden 536 Kilogramm Goldmünzen aus dem 18. Jahrhundert, diamantbesetzte Teller, Rubine, Smaragde und z. B. eine Halskette gefunden, die sechs Meter lang sein soll. Nach Angaben eines hohen Regierungsbeamten von Kerala wird der Wert auf 500 Milliarden Rupien, das sind umgerechnet 7,7 Milliarden Euro, geschätzt.

Es zeigt mir, dass ich immer noch viel zu wenig von diesem Land gesehen habe, aber eins hat sich fest bei mir eingegraben: Indien ist noch heute ein Märchen aus 1001 Nacht!

Reiner Sahm, geboren 1941, studierte Betriebswirtschaftslehre und arbeitete mehr als 30 Jahre als Steuerberater in Berlin. Auf seinen häufigen und ausgedehnten Reisen rund um den Globus faszinierten ihn die Landschaften und Kulturen fremder Länder, die er mit Aufnahmen einer Panoramakamera mit nach Hause brachte. Mit seinem Bildband „Rajasthan" erhielt Reiner Sahm im Jahre 2008 den Award „Best Foreign Photographer for India" vom Government of India verliehen sowie im gleichen Jahr den Deutschen Fotobuchpreis. Als passionierter Hubschrauber-, Motor- und Segelfliegerpilot erschloss er sich die landschaftlichen Schönheiten der Kontinente aus der Luft, die zu weiteren Bildbänden über den Westen der USA und Patagonien führten.

When as a child I saw cartoons of two young boys who rescued their uncle from an Indian temple and the clutches of a wizard, I became curious about this mystical world. Decades later, an Indian client of mine who ran a travel agency recommended that I should visit Rajasthan – the land of the gods.

Since then I have visited Rajasthan and the sub-continent many times, and have been captivated by the unique culture and the amiability of the people, which are sure to cast a spell over anybody. Anyone who travels there however must be open and receptive to the adventure that is India, otherwise this tale from the 1,001 Nights will remain closed to them. For me, hardly any other country on earth radiates such a mystical fascination; for the secret of the magic of India lies in its past, which is full of tradition, as is reflected by the beautiful temples, forts and palaces, the customs of the people, the time-honoured skills and crafts, the festivals, the scents and the colours of the markets.

Over 100 years ago, Mark Twain expressed his feelings about the country and its people in his book "Following the Equator": "This is indeed India; the land of dreams and romance, of fabulous wealth and fabulous poverty, of splendor and rags, of palaces and hovels, of famine and pestilence, of genii and giants and Aladdin lamps, of tigers and elephants, the cobra and the jungle, the country of a thousand nations and a hundred tongues, of a thousand religions and two million gods, cradle of the human race, birthplace of human speech, mother of history, grandmother of legend, great-grandmother of tradition, whose yesterdays bear date with the mouldering antiquities of the rest of the nations – the one sole country under the sun that is endowed with an imperishable interest for alien prince and alien peasant, for lettered and ignorant, wise and fool, rich and poor, bond and free, the one land that all men desire to see, and having seen once, by even a glimpse, would not give that glimpse for the shows of all the rest of the globe combined."

For Mark Twain, India was the land of dreams and romance, but for me, India is the land of the gods, festivals and palaces. The variety of languages, cultures, festivals and faiths, all steeped in history, have resulted in a fascinating mixture of life. I have tried on the Indian sub-continent to capture with my camera the largest possible number of religious and secular buildings; it is however almost impossible to discover all these treasures in their unimaginable splendour.

Recent news reports about newly-discovered treasures in a Hindu temple dating from the 16th century, in which the chambers remained sealed for over 130 years. Unbelievable treasures such as diamonds, rubies, emeralds, gold and silver have been found there. A temple official of the Hindu religious site of Sri Padmanabhaswamy in the southern Indian state of Kerala said that the treasure included rare and valuable stones. According to a report in the "Hindustan Times" newspaper in July 2011, the find included 536 kg of gold coins from the 18th century, diamond-studded plates, rubies, emeralds, and a necklace supposed to be 6 metres long. According to the information of a senior government official of Kerala, the value of the find is estimated at 500 billion rupees, or approximately 7.7 billion Euros.

This shows me that I have still seen far too little of this country, but one thing has become ingrained in my mind: India today is still a tale out of the 1,001 Nights!

Reiner Sahm, born in 1941, studied business management and worked for over 30 years as a tax consultant in Berlin. On his frequent and extensive travels around the globe, he has been fascinated by the landscapes and cultures of foreign lands, which he has brought home with him in the form of pictures taken with a panoramic camera. For his illustrated volume "Rajasthan", Reiner Sahm received the award "Best Foreign Photographer for India" from the Government of India in the year 2008, and in the same year the German Photo Book Prize. As a passionate helicopter, aircraft and glider pilot, he explored the scenic beauties of the continents from the air, which lead to further illustrated volumes on the west of the USA and Patagonia.

ISBN: 978-3-89823-439-9

Design: Marcus Bela Schmitt / Designgruppe Fanz & Neumayer
Translations: Global-Text Fachübersetzungen, Heidelberg | Mark Woolfe
Editorial Department: Dr. Christophe Klimmer
Separations: EPS GmbH, Speyer
Printing: Passavia Druckservice GmbH & Co. KG, Passau
Bookbinding: Buchbinderei Terbeck, Coesfeld

www.editionpanorama.com

Edition Panorama GmbH
G7, 14
D-68159 Mannheim

A production by EDITION**PANORAMA**